先做朋友
后做父母

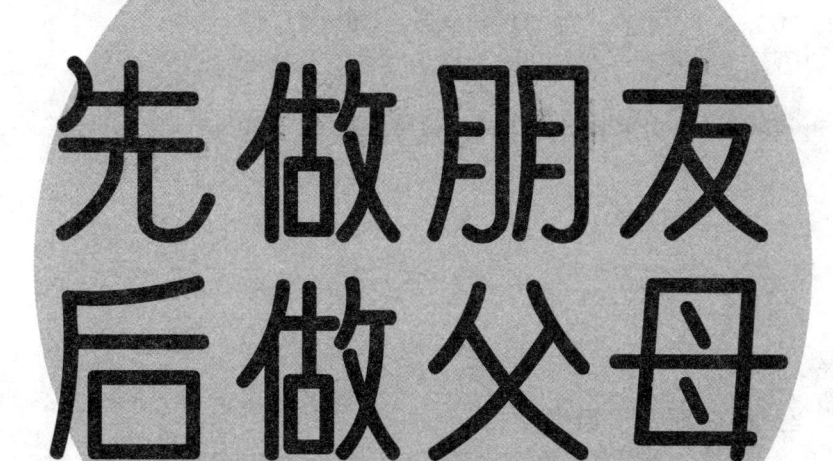

王雅琳 —— 著

哈尔滨出版社

图书在版编目（CIP）数据

先做朋友，后做父母 / 王雅琳著. —哈尔滨：哈尔滨出版社，2023.7
ISBN 978-7-5484-7302-2

Ⅰ. ①先… Ⅱ. ①王… Ⅲ. ①亲子关系—家庭教育 Ⅳ. ①G78

中国国家版本馆CIP数据核字（2023）第116818号

书　　名：**先做朋友，后做父母**
XIAN ZUO PENGYOU, HOU ZUO FUMU

作　　者：王雅琳　著
责任编辑：李维娜　尉晓敏
封面设计：沈加坤

出版发行：哈尔滨出版社（Harbin Publishing House）
社　　址：哈尔滨市香坊区泰山路82-9号　　邮编：150090
经　　销：全国新华书店
印　　刷：天津文林印务有限公司
网　　址：www.hrbcbs.com
E-mail：hrbcbs@yeah.net
编辑版权热线：（0451）87900271　87900272
销售热线：（0451）87900202　87900203

开　　本：710mm×1000mm　1/16　印张：13　字数：170千字
版　　次：2023年7月第1版
印　　次：2023年7月第1次印刷
书　　号：ISBN 978-7-5484-7302-2
定　　价：49.00元

凡购本社图书发现印装错误，请与本社印制部联系调换。
服务热线：（0451）87900279

前 言

很多家长发现，随着孩子一天天长大，他们和孩子相处却变得越来越难，和孩子沟通也越来越不顺利，完全不像孩子小时候那样简单了。家长很想知道孩子的小脑袋里究竟在想些什么？可是家长越想知道他们在想什么，他们就越不愿意对家长敞开心扉，尤其是进入青春期的孩子，更不愿意和家长交流。

面对这种情况，有些家长滥用家长权威，摆出一幅居高临下的架势命令孩子；有些家长采取不正当、不光彩的手段，翻看孩子抽屉里的日记本、登录孩子的网络聊天账号，查看里面的记录；有些家长则冷漠置之，"你不跟我沟通，我也懒得跟你交流"。

显然，这些处理方式并不高明，也不利于维护良好的亲子关系。那么，父母到底该怎样与孩子相处，或者说以怎样的姿态与孩子相处呢？我们的建议是，先和孩子做朋友，再去做父母。

有些家长听到"和孩子做朋友"这样的话，可能会马上摇头叹气，认为这是不可能的事。"和孩子做朋友那岂不是乱套了？我的威严何在，孩子还会把我放在眼里吗？还会听我的话吗？"

事实上，很多孩子都想对父母说出这样的心声："正因为你们每天高高在上，我才不愿意亲近你们，不愿意向你们敞开心扉；正因为你们总把我当成长不大的孩子，整天对我唠叨个没完，我才不愿意和你们交流。"

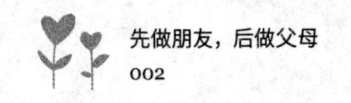

正如一位教育家说的那样："如果你总是把管教孩子作为父母对孩子的主要手段，那么注定是要失败的。"要知道，孩子3岁左右，自我意识就开始萌芽，7~9岁进入准大人期，也就是人生的第二叛逆期，12~15岁进入青春期，这整个成长过程是孩子自我意识不断增强的过程，在这个过程中他们越来越渴望被尊重，越来越渴望与父母平等相处，越来越渴望独立和自由。

作为父母，如果懂得与孩子做朋友，和孩子相处起来就会简单很多，和孩子沟通起来也会容易得多。想象一下，你和朋友是怎样相处的，也可以试着以同样的方式与孩子相处。

和孩子做朋友，首先就要尊重孩子。

尊重孩子，就要注意和孩子说话的语气，不能对孩子大吼大叫，也不能随意泄露孩子的秘密，宣扬孩子的隐私。不能随意闯入孩子的房间，更不能翻看孩子的隐私物品。生活中，有些父母喜欢把孩子的事情当作笑话讲给周围的人听，这种做法会降低孩子对父母的信任感，慢慢他就不再会把自己的事情告诉父母，因为孩子担心父母再次把他们的事情说出去。所以，不要随便把孩子的事情讲给别人听。这是对孩子最起码的尊重。

和孩子做朋友，就要和孩子平等相处。

和孩子平等相处，意味着不能再把孩子当成小孩，而要把孩子当成独立的人。孩子有自己的人格、自尊、想法和喜好。因此，父母不能高高在上，独断专行，孩子的事情应该多和孩子商量，鼓励孩子说出他自己的想法，并认真倾听、尊重他的想法，这样才能让孩子获得价值感，也会使他更加尊重父母。

和孩子做朋友，就要给孩子信任。

朋友遇到什么困难，或决定做某件事时，你总会毫不犹豫地信任他们。孩子遇到困难、挫折，或决定做某件事时，你也应该信任他，给他支持和力量。如果孩子从小生活在被信任的家庭环境中，那么无论做什么他都会信心十足、充满勇气和力量。

和孩子做朋友，就要学会换位思考。

朋友之间，有快乐一起分享，有困难一起扛，遇到伤心事时相互安慰、相互鼓励。当孩子遇到困难，陷入苦闷时，家长也要懂得换位思考，站在孩子的角度，安慰孩子、鼓励孩子。比如，孩子的老师原计划周六带孩子们去郊游，但因下雨没去成，结果孩子伤心地哭了起来。妈妈见状不高兴地说："哭有什么用，你哭就不下雨了？"本来孩子已经很难过了，听到妈妈这样说，只会由伤心变为生气。

如果妈妈懂得站在孩子的角度考虑问题，安慰孩子："你一直很期待这次郊游，今天下雨打破了计划，所以你很伤心，是吗？"孩子听了这话，就会觉得妈妈理解自己，懂自己的心，和妈妈就会更亲近，也更愿意接受妈妈的安慰。

当然，和孩子做朋友虽能拉近亲子关系，但父母不能只和孩子做朋友，而不给孩子立规矩。当孩子没规矩、不尊重他人、没大没小时，当孩子无理取闹、故意破坏、扰乱公共秩序时，父母应该立即制止孩子的错误行为。因为孩子的成长同样需要规则，规则既是约束也是保护，在规则之下自由成长的孩子才会形成正确的三观，才能更好地成长。

目 录

第1章 童年的亲密关系决定孩子一生的幸福

亲子关系没建立好，孩子就不会听你的话 /002

童年缺乏安全感的孩子，长大后会怎样 /006

童年的沟通模式，决定未来的关系模式 /009

父母关系的好坏，影响孩子日后的人际交往 /012

和谐稳定的家庭是给孩子最好的礼物 /016

第2章 高质量的陪伴，胜过朝夕相处

朝夕相处，不等于陪伴 /020

高质量的陪伴成就阳光、自信、自觉的孩子 /024

放下工作、放下手机，全身心地陪伴孩子 /027

亲子打闹游戏——你就是孩子最好的玩具 /031

与孩子共进晚餐是每天必不可少的陪伴 /035

如何陪孩子写作业才能不崩溃 /039

陪孩子阅读，是最浪漫的教养 /043

孩子的问题，大多都能用深度陪伴治愈 /047

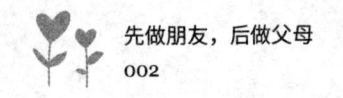

第 3 章　做孩子的朋友，先要读懂孩子的心

孩子懒惰——可能是你包办太多 / 052

孩子爱撒谎——可能是为了逃避责骂和惩罚 / 056

孩子拖拉、磨蹭——可能是缺乏时间观念 / 060

孩子爱偷东西——可能是他的占有欲太强 / 065

说一百遍都不听——可能是你的唠叨出现了"超限效应" / 069

孩子不懂感恩——可能是你对他过于溺爱 / 073

第 4 章　被父母信任的孩子，内心有多强大

不被信任的孩子，心里容易受伤 / 078

相信孩子能做好，他可以做得更好 / 082

放手，孩子比你想象的更能干 / 085

尊重孩子的隐私权，不要偷看日记、偷听电话等 / 089

换个角度看问题，孩子的缺点可能是优点 / 093

信任孩子，体现的是父母的眼界和格局 / 097

第 5 章　尊重孩子，不做控制型父母

每个孩子都是独立个体，别把他当成附属品 / 102

别把你童年的遗憾强加给孩子 / 106

尊重孩子的想法，才能培养出有主见的孩子 / 110

当面教子是一门技术活 / 114

给孩子更多的选择权，必要时给予指导 / 117

孩子长大了，进孩子的房间也需要敲门 / 121

尊重不等于骄纵，请拒绝孩子不合理的要求 / 125

第 6 章　如何说孩子才肯听，如何听孩子才肯说

大量的亲子冲突，都是父母不懂沟通导致 / 130

用孩子喜欢的方式去和孩子聊天 / 134

共情，站在孩子的角度思考问题 / 138

接纳孩子的情绪，他才会说出心里话 / 142

听孩子把话说完，不要打断他 / 145

无论孩子说什么，都不要敷衍他 / 149

第 7 章　不打、不骂、不动气的温暖教养法

越打骂，孩子越叛逆 / 154

你大吼大叫，就是在教孩子大吼大叫 / 157

唠叨是一种语言暴力，也是亲子关系的杀手 / 161

温和而坚定地拒绝，让孩子明白什么是规则 / 165

就事论事，不对孩子进行人身攻击 / 169

孩子犯错后，代替惩罚的N个方法 / 173

当你无法控制情绪时怎么办 / 176

第 8 章　先做朋友，后做父母——爱和规矩一个都不能少

和孩子做朋友的同时，别忘记了保留父母的权威 / 180

你不给孩子立规矩，孩子就会给你"立规矩" / 184

把握爱的界限——如何立规矩 / 188

制订了规矩，就必须执行到底 / 192

对待孩子，规矩和自由一个都不能少 / 196

第 1 章
童年的亲密关系决定孩子一生的幸福

现实生活中，父母与孩子相处的模式多种多样，也就形成了各种不同类型的亲子关系。童年时期建立好的亲子关系需要父母温情的陪伴和长久的关注，需要父母与孩子互相尊重与理解，需要父母的信任和放手。童年时期好的亲子关系能让父母和孩子一同成长，能让孩子学会自尊自爱，甚至能决定孩子一生的幸福。

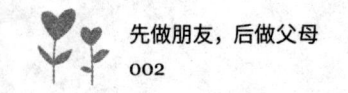

亲子关系没建立好，孩子就不会听你的话

不知道作为家长的你是否注意到这样的情况：

父母常年在外工作，孩子跟着老人生活，在这种环境中长大的孩子，一般不怎么听父母的话，而且跟父母也不太亲近。或者，爸爸常年忙于工作，给孩子的关心和陪伴很少，孩子大多数时间由妈妈带，当有一天爸爸指出孩子的问题时，孩子往往不愿意听，即使表面上听话了，内心往往也不服。当爸爸不在家时，孩子依然会我行我素。

为什么会出现这种情况呢？

很简单，因为亲子关系的亲密程度从某种意义上决定了孩子的听话程度。换句话说，亲子关系不好的家庭，父母对孩子的影响力会大打折扣，在教育孩子时也很容易遭到反抗。因此，想要教育好孩子，父母必须先把亲子关系建立好。

在《妈妈是超人》这档育儿类真人秀节目中，当黄圣依谈到自己管教孩子的经历时，现场的育儿专家告诉她："亲子关系没建立好，他不会听你的话。"反之，当与孩子建立起良好的亲子关系时，父母就会成为孩子心目中"重要的人"，父母的话对孩子会很有分量，孩子就愿意听父母的话，因为孩子不愿意打破这种良好的关系。

瑞瑞是某幼儿园大班的小朋友，他的父母常年在外工作，他从小跟着爷爷奶奶生活。据老师反映，瑞瑞的自控能力特别差，他不仅在课堂上坐不住，还经常无缘无故地大喊大叫，平时也不爱与其他小朋友交往，即便喜欢哪个小朋友也不是前去友好地打招呼，而是照着对方脑门打一下。

后来，瑞瑞妈妈意识到问题的严重性，赶紧辞掉工作回家专门照顾瑞瑞。通过亲密的陪伴和循循善诱的教导，瑞瑞的坏脾气好转了很多。可是最近他又调皮了，一兴奋起来就控制不住自己，结果把同班的一个小朋友打哭了，当老师说要告诉他妈妈时，他很伤心地哭了："你别告诉我妈妈，她会不高兴的。"想起以前，瑞瑞谁都不怕，现在却很在意妈妈的看法，并主动约束自己的行为，显然这是良好的亲子关系在起作用。

美国著名亲子沟通专家劳拉·马卡姆博士曾建议父母重视亲子关系的建立，他说："育儿过程中，应把80%的精力，用在搞好亲子关系上。"因为良好的亲子关系是孩子健康发展的重要前提，对孩子日后的人格塑造和社会适应能力都起着至关重要的作用。反之，亲子关系没有建立好，则很容易影响孩子的身心健康发展，孩子长大后更容易出现心理问题、人际交往问题等。

那么，父母怎样才能与孩子建立高质量的亲子关系呢？

1.谨记自己的角色

当你成为父母的那一刻，你便开启了一段漫长的，学习如何爱孩子的旅程。在这个旅程中，你一定要记住自己的角色，履行好自己的职责，这样才能与孩子的生命产生交集。心理学家研究认为，随着孩子不断成长，父母一共要扮演四种重要角色——照顾者、规范者、保护者、精神导师。

从出生到6岁，父母要扮演"照顾者"的角色，照顾孩子的衣食起居。这个阶段是孩子学习爱的阶段，孩子需要充分的关爱与安全感。所以，父母要多陪伴孩子，给孩子充分的关爱，流露出对孩子的感情，让孩子获得安全感。

从6岁到12岁，父母要扮演"规范者"的角色，在各方面给孩子树立行为规范，帮助孩子养成良好的行为习惯。父母应在规范者与其他角色之间保持平衡，以免过于严厉让孩子感到父母冷酷无情。

从12岁到18岁，这个阶段的孩子正处于青春期，父母要扮演"保护者"的角

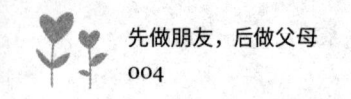

色。特别是父亲要保护好孩子，注意观察孩子的一举一动，必要时给予指导。在这个阶段，父母一方面要与孩子站在一起，帮助孩子面对青春期的风暴，另一方面要帮助孩子抵御外面的一些诱惑。

当孩子成人后，父母还要扮演"精神导师"的角色，坦诚地和孩子分享人生经验，甚至可以袒露自己脆弱的一面。同时，父母要从容倾听孩子的心声，但未必事事给孩子答案，而是以精神导师的身份给孩子指引。

2. 学会和孩子沟通

很多父母和孩子沟通时，习惯性地用家长的身份去压制孩子，激动起来还会对孩子大吼大叫，这样怎么能教育好孩子，怎么能建立起好的亲子关系呢？在好的亲子关系中，父母往往善于和孩子沟通，他们懂得理解、接纳孩子的感受，尽量站在孩子的立场上考虑问题。

例如，孩子写作业的时候有点磨蹭，妈妈没有直接吼他"快点儿做作业"，而是问他："今天怎么了？"儿子说："拼装飞机的尾翼掉下来了，我想把尾翼安上再写作业。"妈妈同意了，然后儿子安上飞机的尾翼，就开始认真做作业。

假设妈妈一开始就对孩子大吼大叫"磨蹭什么？快点儿做作业去"，孩子的感受会是怎样的呢？孩子肯定会觉得委屈，也会觉得妈妈不讲道理，因此对妈妈产生不满。这就是不同的沟通方式带来的不同结果。这个例子提醒父母，当孩子表现不好时要先冷静地了解原因，倾听孩子的想法，再有针对性地引导孩子。

3. 及时回应孩子的情感需求

在与孩子相处的过程中，父母要懂得及时回应孩子的情感需求，做到这一点的前提是正确解读孩子的心理。我们来看下面的例子。

有个孩子从小由外婆带大，爸爸妈妈在外务工，每年回家一两次。爸妈在家的日子，孩子就被接回家，跟妈妈睡。可到了晚上孩子就会莫名其妙地哭，孩子一哭，妈妈就怒骂他。妈妈越骂，孩子哭得就越厉害。

为什么会这样呢？

原因就是妈妈没有正确解读孩子的心理，没有及时回应孩子内在的情感需求。事实上，孩子只是想跟外婆睡，跟妈妈睡不习惯。只要妈妈抱住孩子并安慰他："妈妈知道你是想和外婆睡，对不对？那明天我们一起去看望外婆好不好？"这样孩子就能得到安慰，他的情感需求得到了满足，自然会安静下来。

回应孩子的情感需求，还包括当孩子表现好时，抓住机会及时表扬孩子；当孩子做错事并知道错了时，不要过于严厉地批评孩子，温和地提醒孩子即可；当孩子心情不好时，及时与孩子共情，让孩子知道你理解他的感受；当孩子需要陪伴时，尽量抽出时间和孩子共度亲子时光……

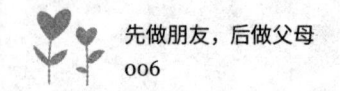

童年缺乏安全感的孩子，长大后会怎样

童年的安全感是一生中幸福的保障，想让孩子快乐成长，一定要给他一个温暖、自由的童年，给孩子充足的安全感。因为安全感不仅关系到孩子的童年是否快乐，还将影响孩子长大成人后的生活。孩子只有在拥有安全感后，才可能更好地体验轻松、愉悦、自由、欢乐等美好情绪，心理才可能更加健康和阳光。

张女士是儿童心理咨询师，她的儿子上小学三年级，孩子的班里建有家长微信群，老师每天都会在群里公布学生在校的违纪情况。有个名叫林涛的男孩几乎每天都出现在违纪名单里——不是和男同学打架，就是欺负女同学，或是上课讲话、骚扰周围同学。

张女士感到好奇，心想：这个孩子怎么屡教不改呢？难道父母不管教他吗？后经侧面了解，她得知这个男孩是全日制寄宿生，父母平时忙于做生意无暇照顾他，到了周末才会把他接回家。张女士一下就明白了：这个男孩喜欢"违纪、违规"，与父母陪伴少、管教少有很大的关系。经过进一步了解，张女士发现了更深层次的原因，那就是，男孩想通过违纪、违规行为引起父母的关注和重视。

通过上面这个例子可以看出，孩子不良行为的背后，其实还隐藏着安全感缺失的深层次问题。一个经常被父母忽视，得不到父母关爱的孩子，是很难获得安全感的。一个没有安全感的孩子，其性格塑造、社交能力培养、情商提升等都会受到影响，长大后往往还会产生以下一些问题：

（1）自卑、逃避和否定

缺乏安全感的孩子，内心始终是不安定的，他们觉得父母不爱自己，觉得自己哪里都不如别人。对生活极度悲观，对自己失望，没有信心，十分消极。长大后，当需要独立面对一些人和事时，他们往往会选择用逃避的方式来处理，而不是正面解决问题。

（2）过分敏感、多疑

缺乏安全感的孩子，内心是极其敏感的，他们往往不会轻易相信别人。朋友对他们好，他们怀疑朋友有目的、有所图。既然朋友的真心相待换不来他们的真心，朋友们自然也不会继续真心对待他们。

在婚姻家庭生活中，由于他们敏感、多疑，很容易给伴侣造成困扰，给夫妻关系带来危机，导致家庭关系不和睦。例如，在恋爱或家庭生活中，一方会查看伴侣的手机、聊天记录，追问对方去了哪里，和谁在一起，干了什么事情，等等。而且当伴侣说出自己的行踪后，他们却不相信伴侣，总觉得伴侣在骗自己。这不仅让自己感到很累，也会让伴侣烦不胜烦。

（3）情绪管理能力差，不懂爱与被爱

从小缺乏安全感的孩子，情绪管理能力比较差，往往情绪不稳定，这可以理解为正常的时候一切都好，但有时会因为一件不起眼的事情而突然情绪爆发，弄得周围的人莫名其妙、很不愉快。

邓萃雯是香港知名演员，她的演技非常出众，但情感之路却充满坎坷。前男友万梓良曾非常宠爱她，为了帮助她提升演技，带她到处学习，给她搭建了很多平台。生活中，对她也是百般迁就和宠爱，尽一切努力满足她的要求，但年轻气盛的她稍不如意就对万梓良大发脾气，最终两人不欢而散。

在邓萃雯与万梓良的这段恋情中，邓萃雯是爱的接受者，她享受万梓良对她的爱、对她的好，却不懂万梓良的一片深情，不懂得如何去爱对方，最终错过了最真实的爱情。

邓萃雯曾说："我是一个很缺乏安全感的女人，总是一直在追，总是觉得物质是最可靠的。"在一次节目受访中，她坦言："年轻时遇到真爱不懂爱，是因为内心缺乏安全感，对爱情不信任，总是很自卑，不懂经营亲密关系。"如此优秀的人，却看不到自己的优秀，这究竟是有多么自卑！

当然，这是有原因的。她是父母年轻时意外怀孕而生下的，那时母亲只有17岁，不懂得如何养育她，就把她交给奶奶照顾。在她5岁时，父母离婚了。后来母亲再婚，对她不管不顾，父亲也没有给她关爱。而奶奶也比较冷漠、苛刻，所以她从小就没有感受到温情，是一个安全感极度缺乏的孩子。

从小缺乏安全感的孩子内心是不安全的，父母没有给他们足够的爱，他们的内心也是极其贫穷的，内心没有爱的他们，自然不懂得如何去爱别人和接受别人的爱。

（4）处理不好人际关系

缺乏安全感的孩子，长大后为人处事往往会畏手畏脚，过于在乎别人对自己的评价。在人际交往过程中，他们害怕自己说错话、办错事，喜欢独来独往，因此难以融入集体，也很难处理好人际关系。

当与人发生争执时，他们往往不敢据理力争，维护自己的正当权益。因为他们缺乏安全感，感受不到家人的支持，心中没有底气。

童年的沟通模式，决定未来的关系模式

沟通模式在亲子沟通中起着至关重要的作用。父母与孩子的沟通模式，直接体现了父母对孩子的教育方式，也能从某种程度上反映出亲子关系的质量。童年时期，父母与孩子的沟通模式，决定孩子未来的关系模式，甚至带给孩子不一样的人生。

亲子之间常见的沟通模式有以下四种：

沟通模式1：共振互动型

最理想的沟通模式就是共振互动型的，在这种沟通模式中，父母以孩子的感受为中心，与孩子共振，确认孩子的感受，能够给孩子积极的回应与关注。在这种沟通模式中长大的孩子是幸运的，他们容易和周围的人产生共鸣，且具有良好的同理心。

沟通模式2：以父母为中心型

在这种沟通模式中，父母是沟通的发起者，孩子要按照父母的预期来回应。孩子的感受长期被忽视，从而主动压抑自我以取悦父母，进而失去自我，或者说形成"假自我"。在这种沟通模式中长大的孩子，往往不容易融入社会。一旦让他们融入人群，他们就会感到焦虑，因为他们认为了解别人的期望是在损耗自己的能量。

沟通模式3：无关反应型

在这种沟通模式中，无论孩子说什么、做什么，经常得不到父母的关注和反

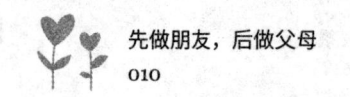

应，这会让孩子产生巨大的虚无感，无法确认自己的存在。因此，他们很难安静下来跟自己相处，在与人交往中经常因感受不到情感联系而产生巨大的焦虑。长大后，他们很容易形成被抛弃的心理创伤，找不到自我存在的价值。

沟通模式4：情感逆转型

在这种沟通模式中，父母是情感逆转型的人，他们最典型的表现就是对爱和美好已经绝望，经常把好的气氛逆转成压抑的、痛苦的、扭曲的。比如，孩子考了不错的成绩，兴奋地回家跟父母汇报，父母却向孩子泼冷水，"你知道邻居××考多少分吗？你才考这么点儿，还好意思说！""怎么没有考100分？那样的题根本就不应该错！"就这样，孩子经常被父母泼冷水、打击自信心，就会形成自我怀疑和自我否定的习惯，长大后会变得极为自卑。

如果你的孩子正经历后三种沟通模式，那么可以肯定的是他的内心或多或少都受到了伤害，作为父母，你应该设法补救、治愈他内心的伤。治愈的有效方法就是和孩子建立共振互动的沟通模式。具体来说，要做到这样两点：

1.积极回应，确认孩子的感受

面对孩子的各种情感体验，父母要做到积极回应，确认孩子的感受。当孩子产生悲伤、哭泣、愤怒等负面情绪时，很多父母习惯性的做法是消除孩子的负面情绪。比如，强制要求孩子"不要哭""别难过了"，等等。其实正确的应对方法是不打扰孩子，只确认孩子的感受，比如，"你没有得到小红花，心情不好，是这样吗？""你的玩具被小朋友抢走了，你很难过是吗？"另外，如果孩子需要，你就在一旁安静地陪着，直到孩子的情绪自然平静。

夫妻之间也应如此，当妻子抱怨家务劳累时，丈夫也应该积极回应，确认妻子的感受："家务事太繁琐，我能感受到你有多累！老婆，你真不容易。"这样夫妻二人的心才会更靠近。如果一个家庭建立了这种沟通模式，彼此都能积极回应，确认对方的感受，那么孩子将是幸福的。

2.坦诚说"不"，拒绝不等于伤害

有的父母，很多时候不善于对孩子说"不"，害怕孩子听到拒绝后不开心、哭闹、耍脾气。但实际上，你无法满足孩子所有的愿望和要求，不可避免地要对孩子说"不"。面对这种情况，明智的做法是坦诚说"不"，并对孩子的情感给予充分的理解和尊重。虽然拒绝了孩子，但并没有拒绝亲子之间爱的流动。这样孩子能够感受到父母依然爱自己，同时也能学会妥协和协商的艺术。

举个例子，你正忙着收拾房间，孩子要求你陪他玩。你可以这样说："宝贝，你现在很想让妈妈陪你一起玩，是吗？妈妈理解你的心情，但是妈妈必须先把房间收拾好，才能陪你玩，你可以等我15分钟吗？"再比如，当孩子渴望拥抱，你又非常疲惫时，可以坦诚地对他说："我知道你很想让妈妈抱，我也很愿意抱你，只是妈妈太累了，先休息一下好吗？"当你以平等、尊重的态度对待孩子时，你会发现孩子其实很好协商。

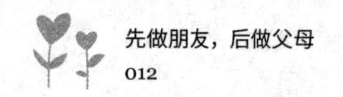

父母关系的好坏，影响孩子日后的人际交往

与孩子关系最亲近的人是父母，父母的一言一行孩子都会看在眼里，记在心里。所以，父母关系的好坏自然也很容易被孩子感知到，进而影响到孩子的成长。

父母关系和睦，家庭氛围自然和谐。而好的家庭关系和家庭氛围，不论是对孩子幼年时期安全感的建立，还是对孩子童年时期性格的形成、人际交往能力的发展，以及长大后对外界的观念和认知，都有良性的影响。

反过来，如果父母关系糟糕，家庭氛围紧张，那么生活在这种环境下的孩子，也会充满压力和紧张感。不要觉得父母之间争吵与孩子无关，事实上，在孩子看来，自己已经参与到其中了，并且受到的伤害比父母还多。

小冬是某小学五年级学生，父母感情不和、关系冷淡，平时不是吵架拌嘴，就是彼此冷战，这让他每天生活在担惊受怕中。在学校里，他经常闷闷不乐，对别人的言行格外敏感、多疑，总觉得别人看不起他，在背后议论他。只要受到一丁点儿委屈，他就会情绪失控乱扔东西、大发雷霆。在大家的眼里，小东整天像个刺猬一样，很难让人接近，因此他的人际关系相当糟糕。

在一个家庭中，糟糕的父母关系很容易给孩子稚嫩的心灵造成创伤。孩子从小生活在父母的纷争中，认为自己是很不幸的，因而在学习、人际交往中信心不足，经受不住失败和挫折的考验。下面我们具体来看一下，父母关系是怎样对孩子产生影响的。

健康的家庭环境，离不开良好的夫妻关系。夫妻关系是家庭关系的核心，是亲子关系的基石。那些夫妻关系不好，却口口声声说"我最爱的是孩子""孩子是我的唯一"的父母，其实并不懂得如何真正地爱孩子。要知道，亲子关系再好，如果没有好的夫妻关系为前提，孩子也不能获得充足的安全感。

夫妻关系不好分为两种：一种是激烈对抗，表现为毫不避讳的当面争吵，甚至发生肢体冲突，这会给处在同一环境中的孩子造成巨大的心理冲击。有些父母还会试图把孩子拉到自己的阵营，一同对抗另一半。更有甚者，还会在孩子被吵架声吓哭后，转而把怒气发泄到孩子身上。这很容易引发夫妻间新一轮的冲突。另一种是冷对抗，表现为夫妻之间无交流，长期冷战。表面上看，夫妻之间似乎很平静，没有给孩子造成什么伤害，但是气氛的僵化和言语间的冷淡是无法掩盖的，这会导致家庭气氛压抑。孩子长期生活在这种气氛中，会感到失落、压抑和痛苦，也容易变得胆小、多疑、敏感，甚至抑郁，这对孩子的性格发展非常不利。

孩子是父母的一面镜子，父母自身的三观和对婚姻家庭的看法，都会通过孩子的表现映射出来。尤其是当孩子思想尚未成熟、性格尚未定型时，父母的一举一动会对孩子造成潜移默化的影响。父母之间的相处模式、关系状态会影响孩子与同学、朋友以及将来与同事的相处模式。良好的父母关系可以促进孩子社交能力的发展，不良的父母关系则会成为孩子社交能力发展的障碍，影响孩子成年后的人际交往和婚姻家庭关系。从这个角度来说，对孩子最好的爱就是父母相爱。

父母相爱，孩子就容易学会怎样去爱。从小见证过父母相爱、体验过父母之爱、接受过父母之爱的孩子，在与别的小朋友交往时，也会更乐于分享，更善解人意，拥有更强大的内心，长大后才能在生活中给予别人爱。

父母相爱，孩子的精神世界才有强大的后盾。有父母做表率，孩子将来在个人婚姻问题上，也会抱着乐观的态度，也会像父母一样用心经营家庭，创造良好的家庭氛围。所以有相爱的父母，才有和谐的家庭环境，才有乐观向上的孩子。

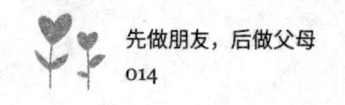

那么，父母应该怎样做，才能为孩子日后的人际交往带去积极的影响呢？

1. 搭建良好亲子关系模型

想让孩子健康成长，乐观向上，热爱与人交往，父母一定要在思想上重视夫妻关系的维护，搭建良好的亲子关系模型。在好的家庭关系中，爸爸、妈妈、孩子三者应保持等边三角形关系，且孩子居于等边三角形上方的那个角。父母之间的关系永远是家中的基石。

在这种亲子关系模型下，父母相爱，再一起去爱孩子。进了家门，父母以家庭为主；走出家门，父母以工作为主，这才是父母对孩子最好的爱。父母要认识到，好的夫妻关系才能给孩子最大的安全感，才能给孩子好的榜样，给孩子带来积极的影响。

作为父母，还要认识到，夫妻中的另一方才是真正陪伴自己一生的伴侣，子女再亲终有一天也会独立，慢慢离自己远去，开始他们自己的生活。因此，一定要强化夫妻关系，认清亲子关系是夫妻关系的延伸，先建立好的夫妻关系，才能建立更好的亲子关系。

2. 控制好情绪，冷静地沟通

在家庭生活中，夫妻之间有摩擦是正常的。当矛盾发生时，一定要学会控制自己的情绪，冷静地与对方沟通。比如，当你意识到即将引发争吵时，应该及时喊停，先让彼此冷静下来，等双方的情绪平复下来后，再用温和的语气去沟通。另外，为了不让小问题演变成大矛盾，建议解决问题要及时，不要让问题过夜，不要让问题累积。

还有就是，如果遇到分歧较大的问题，争吵已经无法避免时，也尽量不要在孩子面前争吵。为什么？因为孩子的内心是敏感的，也无法消化大人的负面情绪，父母的争吵会让他们极度不安和恐慌。所以，为了孩子快乐，尽量不要在孩子面前争吵，有问题应该尽快私下解决。

3. 设法延续和提升夫妻情感

夫妻情感是需要延续和不断提升的，提升的方法有很多。比如，一起分担家务，减轻对方的压力；一方忙碌时，另一方主动来帮忙；一起吃顿浪漫的晚餐；

晚饭后一起牵手散步；周末看一场新上映的电影；某个重要的日子给对方准备一份精美的礼物；当一方累了时，伴侣主动给对方倒杯水；睡觉时相拥、亲吻、爱抚，说声"我爱你"。夫妻之间的爱不会越用越少，只会越用越多，而且不但可以满足自己，还会溢出来滋养孩子的成长。

另外，女人都喜欢浪漫，男人偶尔可以制造一些浪漫，满足一下妻子。比如，妻子的生日、你们的结婚纪念日、妇女节等节日来临时，男人可以为妻子准备一份精美的礼物，比如一个皮包，一支口红，一份美食，还可以亲自下厨，做一桌妻子爱吃的菜……同样，女人也要对丈夫多一些关心，多一些善解人意，多一些包容等。

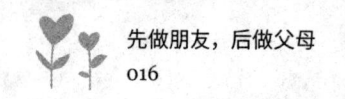

和谐稳定的家庭是给孩子最好的礼物

"工作忙""加班挣钱""应酬""出差"……在当下不少家庭中,父母为了给孩子创造更好的生活,每天不得不忙于事业。然而,孩子并不需要父母像机器一样没日没夜地赚钱,夫妻之间也不应该只顾工作而忽视家庭和夫妻感情的经营。因为虽然经济条件对一个家庭来说很重要,但和谐稳定的家庭才是给孩子最好的礼物。

《哈佛大学公开课·幸福课》中曾讲过:影响一个人90%幸福感的是和谐稳定的家庭氛围。而物质、地位、名声带来的成功,仅影响一个人10%的幸福感。对孩子来说,真正需要的是一个幸福、温暖的家,只有这样的家才能让孩子更健康、快乐地成长。

在电影《怦然心动》中,朱莉的家庭让人非常羡慕,因为她的爸爸是一个有爱的男人,他给妻子和女儿无微不至的关怀,和女儿像朋友一样沟通与交流,给女儿充分的民主和尊重。

朱莉家的经济条件不好,父母在并不富裕的情况下,依然支付着叔叔昂贵的医疗护理费。朱莉一家十几年如一日的租房,爸爸靠卖画维持生计,养家糊口,妈妈靠打零工补贴家用。

尽管生活在这样的家庭环境下,朱莉和父母也始终自信满满,从来没有自卑情绪。朱莉的爸爸妈妈非常恩爱,偶尔有点小争吵,也会及时停止,并各自向朱莉表达他们的爱。生活在这种环境下，朱莉最终成长为一个自尊、自爱、独立、坚强的人。

家庭是孩子温馨的港湾，是孩子人生的起点，是孩子放飞希望、实现理想的摇篮。和谐稳定的家庭能给孩子提供丰富的精神养料，帮助孩子消除疲劳、紧张和烦恼，为孩子注入无限的成长活力，增强孩子不断进步的信心和勇气。

美国心理学家曾对4000名7岁左右的儿童做过一项调查，发现和睦家庭中的孩子远比气氛紧张家庭里的孩子智商高。我国心理学家也做过专门研究，结果表明：紧张的环境对儿童智商产生的消极影响不可估量。

研究还发现，和睦家庭中长大的孩子情绪稳定，情感丰富而细腻，且性格开朗，团结有爱，充满自信。因为和谐家庭能给孩子充足的安全感，让孩子置身其中感受到愉快。其次，和谐家庭还能满足孩子的归属感，让孩子充分感受到家人的尊重和关爱，也能学会如何尊重别人、关爱别人。另外，和谐家庭还能使孩子获得支持感，当孩子遇到困难、遭受打击而心灰气馁时，家庭的关怀能让他们获得力量，得到指引。

反之，从小生活在气氛沉闷、压抑、矛盾不断的家庭中，尤其是父母因矛盾冲突激化而离婚的家庭中，孩子所受的心理创伤将是巨大的，孩子也很容易出现各种不良的情绪和行为。比如，喜怒无常、闷闷不乐，待人冷漠、胆小怕事，甚至会形成固执偏激、自制力差等不良性格或心理障碍，更有甚者还可能会形成反社会人格。

想要营造和谐稳定的家庭，父母应做到以下几点：

1.夫妻之间要相亲相爱

苏联教育家苏霍姆林斯基曾表示，对于即将结婚和已经结婚的人来说，在选择婚姻的同时，要为教育孩子做好准备。夫妻双方要互相爱护、互相尊重、互相信任、互相帮助，因为夫妻间的爱情、信任、忠诚和帮助，是父母智慧之树常青的营养来源。

作家托尔斯泰的话更直白："夫妻之间的和睦是成功地教育儿童的首要条

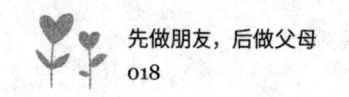

件。"当妻子为丈夫擦拭额头的汗水时，孩子也能学会为父母擦汗；当丈夫向妻子献花时，孩子也能学会爱护自己的母亲、将来的妻子。这就是最好的教育，蕴含在无声的关爱中。

2.夫妻之间要相互尊重

作为家庭的主要经营者，夫妻之间要相互尊重、包容、谅解，彼此关爱，切莫因为一点儿小事而发生争吵。现代社会，夫妻都面临着巨大的生活和工作压力，但不能以此为理由随意将负面情绪发泄在对方身上。在家庭中，夫妻要带头传递正能量，用乐观向上的生活态度感染孩子。

当然，日常生活中，夫妻之间难免会发生一些不愉快，甚至会有一些争执、争吵，但千万不要在孩子面前争吵。如果夫妻争吵不小心被孩子撞见，要尽快在孩子面前和解，而不能把孩子拉入争吵中，也不能让孩子当审判官，让孩子评理、站队。因为父母都是孩子最亲的人，让孩子支持一方而反对另一方，会造成他的心理严重失衡，从而使其产生巨大的焦虑、恐惧情绪，不利于孩子安全感的建立。

3.父母要给孩子平等感

有些父母"家长意识"特别强，经常在家里扮演"独裁者"角色，孩子根本没有发言权。在他们看来，孩子要绝对服从他们的意志、听从他们的安排。可结果呢？尽管他们给了孩子物质上的满足，但孩子仍然"不听话"。

为什么？答案很简单，因为随着不断成长，孩子的人格、思想、意识也在逐渐走向独立。孩子有了自己的想法，并渴望父母倾听自己的想法。所以，给孩子平等感、民主感特别重要。要知道，和谐稳定的家庭环境中，父母和子女在权利上没有高低之分，大家是平等的。孩子有表达想法的权利，也有做出选择的权利。当孩子与父母沟通时，父母不应该以一种高高在上的态度评价孩子，更不能用家长的权威来压制孩子。

明智的做法是，收起"必须""马上""你听着""你应该"这样的话。用"我们有件事想和你商量一下""你有什么想法，我很想听""我觉得你的主意不错"等话语和孩子沟通，引导孩子积极表达自己的想法。如果孩子的想法有道理，家长应采纳孩子的建议，并毫不吝啬地表扬孩子，这样会大大增强孩子的自信心、自尊心，有助于孩子成长为一个有主见、有思想的人。

第2章
高质量的陪伴，胜过朝夕相处

有首歌叫《没有你陪伴我真的好孤单》，虽然是一首情歌，却唱出了人们的内在需求，那就是每个人都需要高质量的陪伴，特别是成长中的孩子。高质量的陪伴不要求陪伴的时间多长，只要求陪伴的时候父母能够全身心地投入，能够与孩子进行心与心的交流、情与情的融合，这样才能给孩子真正的温暖和安全感，它胜过与孩子朝夕相处。

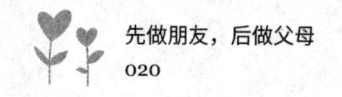

朝夕相处，不等于陪伴

说到陪伴孩子，很多父母可能会说："陪孩子有什么难的？我每天下班都在家里陪着孩子，每个周末都和孩子在一起呀！"乍一听，家长与孩子朝夕相处，给孩子的陪伴应该不少吧！可实际上，真正把孩子陪好，给孩子有温度、有质量的爱的陪伴能有多少？

看一看我们周围，不少父母看似每天都陪在孩子身边，但实际上对孩子缺乏足够的关注，也缺乏爱的互动。他们陪孩子的时候，或沉迷于玩手机，或痴迷于看电视、打游戏，或沉浸于打麻将，让孩子一个人在旁边玩。他们不注重投入精力和孩子相处、交流，更谈不上了解孩子。这种陪伴仅仅是保护了孩子的安全，满足了孩子的一日三餐，但却是一种"假装式陪伴"，是一种"无效陪伴"，也不是孩子想要的陪伴。

例如，爸爸下班回家躺在沙发上打游戏，妈妈躺在床上刷抖音，孩子在客厅玩，时不时过来"求关注""求安慰"，还会遭到父母的呵斥和拒绝："去，一边玩去。""别烦我，问你爸爸！""我忙呢，找你妈妈去！"

再比如，父母虽然陪孩子玩，但是一脸不情愿、一副无精打采的样子，时不时唉声叹气，时不时喊累。又或者陪孩子玩时，喜欢对孩子指手画脚："你这样做不对，你应该……"

很多父母嘴上说多么爱孩子，却没有真正意识到孩子需要什么，没有了解到孩子的内心世界。其实朝夕相处的"陪着"，并不等于陪伴，这种无效陪伴反而容易伤害孩子的内心，不利于亲子关系的培养。

要知道，没有父母关注的陪伴会让孩子感到失落，感觉到父母对他们的"无所谓"。当孩子感受不到被爱时，他们可能会利用其他方式引起父母关注，比如用捣乱、大喊大叫、哭闹等方式吸引父母的注意。这对孩子的情商发展和习惯培养是不利的。

真正的陪伴应该是全身心融入孩子的世界，去了解孩子言行背后的需求，理解孩子的感受，享受和孩子相处的时光。真正的陪伴是对孩子真诚的接纳和欣赏，能给孩子满满的安全感、亲密感和正能量。这才是孩子想要的陪伴，才是对孩子最好的教育。

琴琴和媛媛是闺蜜，媛媛的儿子调皮捣蛋，坐在凳子上不到3分钟就吵着要下来玩，吃饭的时候到处跑，不是打翻了花瓶，就是碰掉了茶杯。他还不时耍性子，不答应给他买玩具，不让他看动画片，他就大喊大叫或哭闹不止。

有一次，琴琴夫妻俩和媛媛一家三口去逛街。走在大街上，媛媛的儿子嚷嚷着要喝酸奶。可媛媛正在专心地玩手机，她老公在不停地打电话，夫妻俩对孩子的需求充耳不闻。孩子见父母不理他，更加生气了，干脆用大声哭闹的方式代替嚷嚷。

看到孩子哭闹，琴琴上前摸了摸他的头，说带他去买酸奶，然后牵着小家伙的手，走到路对面的商店，孩子开心地笑了起来，很乖巧地走在琴琴身边，不再任性哭闹。

通过这个例子我们可以看出，其实孩子想要的并不多，只是想要父母高质量的陪伴，得到父母的关注、关心和重视。只要父母满足孩子的这些需求，孩子便不会用过激的行为来获取父母的关注，孩子内心会充满安全感，会乖巧听话，心灵也会变得富足。

要想高质量地陪伴孩子，父母可以从以下几点着手：

1.陪伴需要提前做好规划

父母陪伴孩子的效果不好，从某种角度上来说就是把陪伴这件事看得过于简

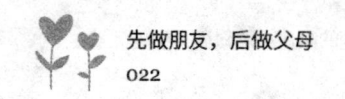

单，认为陪伴就是陪着，没什么难度，但真正的高质量陪伴是需要父母投入精力的，是需要长期坚持的，也是需要做好规划的。

以给孩子讲故事为例，父母需要规划好给孩子讲什么故事、准备什么类型的故事书，每天讲多长时间的故事，还要努力把故事讲得绘声绘色，以激发孩子的兴趣。反之，如果没有规划，孩子让你给他讲故事，你随便抓起一本书来，讲了不到两页，孩子可能就不想再听了。于是你赶紧换一本书给孩子讲，孩子可能还是没兴趣。

为什么会这样呢？很简单，因为你没有了解孩子喜欢听什么类型的故事，也没有沉下心来努力把故事讲精彩，甚至还可能很敷衍。孩子是很敏感的，他见你心不在焉，他听故事的积极性也会大打折扣。所以，陪伴之前需要做好规划。

2.陪伴孩子时只做一件事

为什么很多父母陪伴孩子的效果不好？真正的原因往往是他们没有做到"专注陪伴"。专注陪伴意味着父母要放下手里的事情，如工作、烦恼、游戏、家务等，心无旁骛地陪在孩子身边，并尊重孩子的想法和喜好，陪孩子一起游戏。或陪孩子一起疯闹，或陪孩子进行亲子阅读，或陪孩子做手工。当你这么做时，孩子是能感觉到的，会很开心，会和你更亲近。

3.分割时间，更好地陪伴

朝夕相处不等于陪伴，更不等于高质量陪伴。现代社会节奏快，家长早出晚归忙工作，真正陪伴孩子的时间是有限的。因此，有必要将一天的时间分割开，忙里偷闲抽出小段时间陪伴孩子。比如，早上陪孩子吃早餐10分钟，下班回来陪孩子做游戏15分钟，吃完饭后陪孩子散步30分钟，睡觉前陪孩子阅读15分钟，等等。家长完全可以把这些时段利用起来陪伴孩子，只要做到专注、用心，一样可以达到高质量陪伴的效果。

4.陪伴时以孩子喜好为主

有些家长陪伴孩子时，总是让孩子不开心，究其原因就是他们喜欢以自己的想法为主导，以自己的时间为主导，以自己认为正确的方式为主导去陪伴孩子。

例如，有位妈妈陪伴孩子时，孩子想和她追逐疯闹，她却说："别闹了，会把家里弄得乱糟糟的，收拾起来可麻烦了，我们还是在一起看电视吧！"孩子想和她玩捉迷藏游戏，她却说："家里就这么大，往哪里躲呢？没法玩，我们还是看书吧！"

结果孩子一撇嘴，神情失落，呆呆地坐在沙发上生闷气。妈妈不理解孩子，反而批评孩子不懂事，"你怎么回事啊？我好不容易抽出时间陪你，你倒好，还跟我发脾气！早知道这样，我不如去加班！"

这位妈妈陪伴孩子的方式显然不是孩子喜欢的，这种陪伴的结果使得父母和孩子不欢而散。奉劝家长们，既然你打算陪伴孩子，就应该以孩子为主，遇到问题也可以和孩子商量，倾听孩子的想法。比如，孩子想和你下棋，你就陪孩子下棋吧，哪怕孩子连基本的规则都不懂，你也不妨假装乐在其中，因为高质量的陪伴最重要的是精神层面的交流。

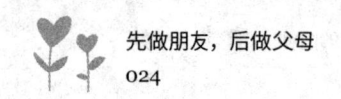

高质量的陪伴成就阳光、自信、自觉的孩子

父母对孩子最好的爱是陪伴，陪伴不在于时间，而在于质量。高质量的陪伴是父母和孩子在一起有沟通，有互动的亲子相处。高质量的陪伴是有血有肉的，是有温度的，是有爱的。高质量的陪伴是让人心情愉快的，父母能够感受孩子的需要，孩子能够感受父母的重视。在这样的陪伴中，孩子才愿意敞开心门，和父母建立起情感的桥梁。

从小生活在高质量的陪伴中，生活在和谐融洽的家庭中，有利于孩子自尊心与自信心的建立，有利于孩子获得足够的安全感。孩子不会患得患失，不会犹豫不决，自然就容易养成阳光、自信、自觉的性格。

高质量的陪伴如春日纷飞的小雨，润物细无声，滋润着孩子的心灵。不管你和孩子在一起时间长短，只要你在孩子身边，孩子便会欣然欢喜。不管孩子想和你做什么，你都会兴趣盎然。不管孩子和你说什么，你都会认真倾听，积极回应。高质量的陪伴代表着父母对孩子的尊重，对孩子行为的认可，对孩子思想的重视，会让孩子感觉如春风拂面，倍感舒服。

在如今快节奏的时代，高质量的陪伴是最为稀缺又最为重要的亲子相处方式。如果你愿意放下手头的工作，专心陪伴孩子，你会发现教育孩子是一件非常轻松的事情，也是一件非常有意义的事情。

那么，我们应该用怎样的高质量陪伴成就阳光、自信、自觉的孩子呢？

1.高质量的陪伴要注重与孩子精神沟通

高质量的陪伴少不了与孩子多多互动，我们可以与孩子以做游戏的方式加强交流，也可以和孩子一起学习，一起做家务。在做这些事的过程中，不能仅满足于和孩子表面上的互动。比如，有些父母只会跟孩子说"你很棒""挺好的""不错"等，这样孩子会觉得父母敷衍，会感到失落。

高质量的培伴要重视与孩子精神层面的沟通，比如，启发孩子为什么那样搭积木，这样画画出于什么考虑……另外，对于孩子别出心裁的想法，父母要懂得欣赏、赞扬，或诚恳地和孩子分享自己的想法。这种交流方式可以充分激发孩子的思维潜力，保护孩子的自尊心和自信心。

2.高质量的陪伴就是双方都能感到愉悦

有些父母陪伴孩子时，总是把关注点放在管教孩子上，动不动就要求孩子"不要这样""不能那样"，总想主导孩子的一切，总想改变孩子。虽说父母这样做是出于一片苦心，但是孩子却感受不到父母的好意，孩子只会觉得烦，甚至出现反感、焦躁情绪。

几个同学聚餐，文菲带着6岁的儿子一起参加。饭店里有个儿童游乐区，儿子拉着文菲陪他玩。在玩的整个过程中，文菲一直不停地提醒儿子：

"这个滑梯太脏了，别上去，不然会把衣服弄脏的！"

"哎呀，不要玩沙子了，小心弄到眼睛里。"

"蹦蹦床太危险了，小心摔跤！"

……

孩子在文菲的反复提醒下，玩一下这个玩具，玩一下那个玩具，不但不能尽兴，还非常郁闷。终于，当文菲抢下儿子手中的皮球时，儿子再也控制不住情绪，哇哇大哭起来。

可文菲不但没有安慰儿子，反而不停地唠叨："你太不让我省心了，以后再也不带你出来了。"然后她把手机往儿子手里一塞："别哭了，给你看动画吧。"儿子这才停止哭泣，抱着手机不再哭闹。

都说陪伴是最长情的告白，但真正的陪伴应该是双方处于放松、舒适、快乐的状态中，彼此都能够感到安宁和愉悦，没有任何精神压力和思想包袱。这就要求父母给孩子多一点儿空间，让孩子自由去探索和尝试，让孩子对自己的行为有掌控感，这样才能真正地满足孩子内心的所需。所以，陪伴孩子时，请父母对孩子少一些管束和指正。

3.高质量的陪伴要求父母给孩子做良好示范

高质量的陪伴是父母对孩子进行言传身教的好时机，父母可以引导孩子参与到家务中来，通过给孩子做良好示范，既可以培养孩子的家庭责任感，又能锻炼孩子做家务的能力。比如，和孩子一起打扫卫生，父母扫地，孩子抹桌子；和孩子一起收拾玩具，对玩具进行归类；还可以和孩子一起收拾碗筷。在这个过程中，父母可以让孩子看到自己做家务时的态度，这对孩子而言是一种非常好的示范。

4.高质量的陪伴也可以是"和孩子一起看世界"

高质量的陪伴除了在家里，还可以在外面。比如，周末带孩子走进大自然，带孩子去钓鱼、爬山、野营、旅游等，让孩子有机会接触新事物，感受不一样的世界。带孩子走出家门，走到外面看世界，并不是刻意让孩子记住什么，学习什么，而是单纯地让孩子打开视野，体会新鲜事物，这对孩子的身心成长十分有益。

放下工作、放下手机，全身心地陪伴孩子

2018年8月5日，一对年轻夫妻带着双胞胎女儿从北京来到青岛旅游。当天下午，一家人来到青岛黄岛区万达公馆附近的海滩游玩，3点左右，双胞胎女儿神秘失踪。于是年轻夫妻赶紧报警，警方紧急发布一条寻人启事：

"下午3点左右，北京一对8岁双胞胎姐妹，身高约1.2米左右，在山东青岛黄岛区万达公馆对面沙滩走失，走失时身穿花色游泳衣，没有穿鞋子。"

同时，公安、边防、社会救援力量在海滩、酒店、海上等周边区域开展搜寻行动。不幸的是，第二天下午两姐妹先后被从海中打捞出来，早已没有了生命体征。

据双胞胎妈妈回忆，事发前孩子在离自己不远的地方玩沙子，他们没有太在意，一会儿看看手机，一会儿抬头瞄一眼孩子，可能中间有一段时间看手机比较久，没有注意孩子的动向，结果当她准备帮孩子拍照时，却怎么也找不到孩子了。当时她以为孩子跑到别处玩耍了，找了半天才意识到孩子丢了。

看到这个案例，你是否也感到非常痛心？两个鲜活的生命如同流星一般，在父母看手机的时候瞬间陨落。这对夫妻本来是陪伴孩子出来旅游度假的，却因玩手机而忽视了孩子的安全，最终导致悲剧发生。

如今，因沉溺于玩手机而引发的悲剧几乎每天都在上演。大街上、商场里、游乐场里、学校门口，随处可见陪孩子的父母低头玩着手机，父母舍不得放下

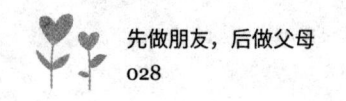

的手机正在一步步吞噬孩子的安全，毁掉美好的亲子关系，影响着孩子的健康成长。

在日常生活中，不少家长也坦言，回家后虽说是在陪孩子，但实际上手机不离手，或每隔几分钟甚至十几秒钟就想拿起手机，刷一下短视频、发一下朋友圈等。家长的注意力并不在孩子身上，而是在手机上。所谓的陪伴孩子，仅仅只能算是"陪着"，这不过是心猿意马的无效陪伴。这样的陪伴和孩子没有沟通，也谈不上了解孩子，又怎么能够给予孩子心灵上的支持呢？

《2014年家庭亲子关系报告》显示：如果父母不和孩子进行足够的交流，孩子就很容易出现"缺爱症状"，从而引发一系列的行为问题，比如，孩子会变得敏感、烦躁、多动、爱抱怨等，孩子的人际关系、思维能力也会受到影响。严重的情况下，还可能导致孩子形成反社会型人格障碍。

有教育专家曾一针见血地指出：父母在陪伴孩子时玩手机，对孩子而言是一种赤裸裸的"冷暴力"，孩子发现自己完全被忽略，可能会以哭闹、发脾气、砸东西等极端方式吸引父母的注意，也可能会用玩手机、打游戏等方式独自打发时间，从而容易沉迷于玩手机、网络游戏等。

儿童心理专家、复旦大学心理学系吴主任表示，我们不应把父母忽视导致孩子的不快，完全归咎于电子产品。关于手机和亲子间的问题，说到底就是如何理解和陪伴的问题。如果父母真正意识到高质量陪伴对孩子的重要性，相信就会在陪伴孩子时努力做到全身心投入。

所以家长们，请在陪伴孩子的时候多一点儿诚意，多一点儿专注吧，请放下手机，把注意力放在孩子身上，给孩子想要的陪伴。你要相信：今天你在高质量陪伴孩子方面投入的时间和精力，将来会在孩子身上发生质的变化，而且快乐的陪伴会让孩子永远记在心中，成为伴随你和孩子一生最温情的记忆。

1.陪孩子尽情地玩儿

美国心理学家劳伦斯·科恩曾在《游戏力》一书中说："和孩子一起玩儿，是建立亲密关系的最佳方式。因为和孩子相处，最好的方式不是'说给他听'，而是转化成孩子理解并能接受的语言——玩儿，去做给他看。"

父母和孩子的玩儿，不仅仅是一种亲子游戏，更是父母与孩子相处、沟通的桥梁。通过一起玩儿，孩子可以观察并模仿父母，从而学会与父母、与他人沟通和相处。通过一起玩儿，父母可以从孩子的视角看问题，从而更好地理解孩子的感受，走进孩子的内心，赢得孩子的信任。

父母和孩子玩儿的方式多种多样，而孩子都是这方面的高手，他们可以把寻常的东西玩出无限乐趣——一张纸、一支笔、一个矿泉水瓶、一块石头、一根树枝，他们都有可能不知疲倦地玩上一个小时，这是他们天然的兴趣所在。因此，这要求父母陪孩子玩儿时努力把自己化身为"孩子"，把"别弄脏了衣服""别弄乱了房间"等担心通通抛诸脑后，纯粹地享受和孩子一起玩儿的时光，感受孩子的乐趣。这样父母才能和孩子处于同一个频道，让孩子感受到父母有温度、有感情的陪伴。

2. 和孩子一起做手工

物理学家杨振宁曾指出："中国的小孩在动手的兴趣和能力方面明显不如欧美国家的小孩，主要是没有动手的机会。"因此，父母陪伴孩子时可以有意识地引导孩子参与到手工制作中来。

比如，给孩子准备各种颜色的橡皮泥，让孩子通过捏、揉、拍、搓等方式，制作他想象的东西。再比如，给孩子准备彩纸，让孩子通过折、剪、粘贴、绘画等方式，培养孩子的想象力、创造力、专注力、动手能力和组合能力。在这个过程中，孩子能够体验到动手的乐趣。当他做成一个小小的作品时，成就感、荣誉感也会油然而生，其信心也会大大增强。

3. 多跟孩子谈天说地

孩子天生充满好奇心，总有问不完的问题。有些家长面对孩子提出稀奇古怪的问题时，会表现得不耐烦，或敷衍了事地回应。这既不利于保护孩子的好奇心，也让家长失去了一个和孩子谈天说地的机会。明智的做法是，利用孩子的提问适当地进行引导和提问，鼓励孩子发挥想象力去解答疑问。需要注意的是，聊天过程中父母应多启发孩子表达想法，多倾听孩子的想法，多肯定孩子的想法，这样孩子才会兴致盎然。

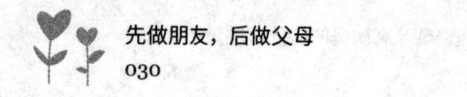

比如，孩子问："爸爸，为什么白天没有月亮？"

聪明的爸爸会这样说："对呀，为什么白天没有月亮呢？这个问题我还真没想过，那你觉得为什么白天没有月亮呢？"

这种启发式提问，会引起孩子的思考，他可能会说："是不是白天的时候，月亮被太阳公公挡住了？"

"哇，你说的很有道理呀！"爸爸对孩子的回答感到惊喜。

经常和孩子这样聊天，可以从天文话题谈到地理话题，从童话故事聊到现实生活，这样既可以帮孩子增长知识，又可以增进亲子感情。更重要的是，这种有感情的陪伴对促进孩子的身心健康发展非常有益。

亲子打闹游戏——你就是孩子最好的玩具

《三字经》里说："养不教，父之过。"自古以来，爸爸就在孩子的成长过程中扮演着重要的角色。然而现在中国的很多家庭，在孩子成长的过程中，爸爸角色缺失问题比较严重，这主要有三方面的原因：

一是与中国几千年的传统文化——"男主外，女主内"的观念有关；二是与现代社会的竞争压力、生存压力有关，爸爸们不得不忙于事业，肩负养家重任；三是爸爸们不知道陪伴孩子时应该和孩子做什么，很容易把陪伴孩子的时光变得枯燥和无聊，结果孩子不开心，爸爸们也提不起兴致。久而久之，爸爸们就更不愿意陪伴孩子了。

事实上，如今已不再是"男主外，女主内"的时代，妈妈们和爸爸们同样需要肩负家庭重担，因此爸爸们有必要转变思想观念，认清参与家庭教育的重要性。同时，学习陪伴孩子的方法，努力把陪伴变成有趣的事情。在这里，建议爸爸们多和孩子玩"亲子打闹游戏"，化身孩子最好的玩具，给孩子快乐。

所谓亲子打闹游戏，就是父母和孩子一起疯、一起闹，甚至可以进行力量对抗、玩各种跳跃游戏，让孩子感受到冒险与刺激，锻炼孩子的力量和勇气。心理学研究表明，亲子打闹游戏有助于激活孩子身体和大脑的多个部位，如负责认知和决策的前额叶皮质，处理复杂运动技巧的小脑，情绪调控的杏仁核等，能让孩子变得更聪明、更健康、更快乐。

张先生经常和儿子玩身体对抗游戏，儿子的任务是突破他的防线，到达沙发那边。他要求儿子用冲撞的方式，或强行推开自己，或从身体一侧挤过去。目的是让儿子和他有身体接触，以增加身体对抗，训练儿子的对抗能力。

对抗的时候，张先生兼顾扮演对抗和支持儿子这两种角色，既不能让儿子觉得太难了，根本没办法做到，也不能让儿子觉得太简单了，很轻松就能做到。因为他知道这个游戏并不是真正的对抗，本质上是为了孩子而游戏，为了孩子快乐而游戏。因此，他会逐渐增加力量、加大难度，这样儿子必须使出更大的力气才能完成任务。

有一次，在亲子对抗游戏中，张先生发现儿子有点儿泄气，想要放弃，他便设法鼓励儿子，但作用似乎不大。他又试着采用激将法逼儿子使出浑身力气，他说："你干脆别玩了，你永远都不可能突破我的防线，到达沙发那边的。"没想到儿子转身跑到卧室。张先生不确定是不是自己刺激到了孩子，导致孩子彻底放弃了。

就在张先生疑惑的时候，儿子一边哈哈大笑，一边挥舞着拳头回来了，他大声说："我——永远——永远都不会放弃的。"说话间，他猛地冲了过来，把张先生撞得后退两步，成功突破了防线，到达了沙发那边。

事后张先生问儿子："你刚才为什么突然跑进卧室？"

儿子一本正经地说："兵不厌诈。"原来，他是为了麻痹爸爸，从而成功突破防线。

和孩子玩亲子打闹游戏时，孩子大脑中的多个区域会被激活，包括负责运动协调、创造力、情感依附能力的神经通道。还能训练孩子应对各种不确定性的能力，提高孩子大脑的应变能力、学习能力。亲子打闹游戏还是一个不断试错、不断调整自我、不断进步的过程，能提高孩子的抗挫折能力。

和孩子玩亲子打闹游戏时，父母和孩子要频繁用眼神、表情交流，这样有利于培养孩子读懂和领会他人意图的能力。而且整个过程中，父母和孩子会不断经历情绪亢奋和冷静的循环，非常有助于孩子学习控制激烈情绪。这对培养孩子的情商很有帮助。

　　亲子打闹游戏不需要特定的场所，也不需要太多的工具，只是一些简单的动作和游戏规则，就可以让爸爸和孩子疯玩小半天，而亲子之间的感情也会在小小的游戏中迅速升温，成为孩子充沛能量的源泉。

　　下面，我们推荐几个亲子打闹游戏，供父母尤其是爸爸们参考：

游戏1

飞翔的兔子

　　适宜年龄：2~7岁孩子

　　游戏玩法：家长双脚打开，双手抓住孩子的腋下，举着孩子腾空向前，再把孩子慢慢放下来，然后再举着孩子腾空向前，再放下，如此反复。

　　作用：这个游戏主要是为了让孩子感受飞翔的感觉，包括起飞和降落的感觉。同时，让孩子感受家长的力量，给孩子安全感和勇气。

　　注意事项：飞翔的过程中，家长还可以增加一些故事情节，比如举着孩子腾空飞跃小凳子，边飞边说"我们要飞跃高山了"；再比如，举着孩子腾空飞跃茶几，边跃边说"我们要飞跃大海了"。另外，可以调节带孩子腾空飞跃的高度，让孩子在空中配合蜷腿、踩踏等动作，锻炼孩子的身体平衡性。当然，玩这个游戏要注意安全，并要求家长具备一定的力量，因此更适合爸爸和孩子玩。

游戏2

枕头大战

　　适宜年龄：4岁以上孩子

　　游戏玩法：枕头安全可靠，相信没有孩子能抵得住枕头大战的诱惑。具体玩法是，指定好游戏区域，家长和孩子各拿着一个枕头击打对方的后背、屁股，谁能最先击打对方10次，谁就获胜。要求不能离开区域，如果离开区域就算输。

　　作用：这个游戏考验孩子的灵活躲闪能力，对孩子的反应能力、反应速度有很高的要求。还能训练孩子的规则意识，即养成遵守比赛规则的习惯。这个游戏

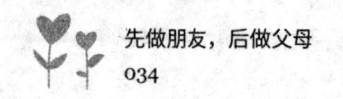

还是一种情绪宣泄方式，可以让孩子在游戏中控制自己的力量和情绪状态。

注意事项：游戏之前，要检查枕头上是否有拉链或纽扣，避免划伤孩子。游戏中，家长可以适当地示弱、躲避，让孩子占据上风，甚至可以边跑边求饶，让孩子获得满足感。

游戏3

超级大怪兽

适宜年龄：3~8岁孩子

游戏玩法：家长扮演大怪兽，设法用一些滑稽搞笑的方式抓住孩子，比如，用大大的熊抱截住孩子，或拦住孩子不让通过，或趴在地上挡住孩子的去路。孩子要做的就是设法避开大怪兽的熊抱、拦截。

作用：激发孩子开动脑筋，设法避开大怪兽的追捕，也可以激发孩子的好奇心，期待大怪兽还有什么新招。

注意事项：家长抓住孩子并不难，难的是抓住孩子后假装不小心被孩子挣脱了，然后再开始新一轮围追堵截。家长也可以躲在某个角落，守株待兔，等待孩子自投罗网。

除了上面介绍的三种亲子打闹游戏，家长和孩子还可以玩你追我赶、捉迷藏、老鹰捉小鸡、爬行比赛等游戏。游戏时，家长不必拘泥于形式，还要结合孩子的年龄适当调整动作和难易度，只要适合你和孩子的，就是最好的亲子打闹游戏。

与孩子共进晚餐是每天必不可少的陪伴

国外有这样一个有趣的实验：

参与者被问到："如果让你选择任何一个人与你共进晚餐，你会选谁？"成人的答案五花八门：贾斯汀·比伯、玛丽莲·梦露、曼德拉……孩子们的回答却简单至极："希望和爸爸妈妈吃晚饭，和全家人一起吃晚饭。"孩子们单纯的回答让很多父母既惭愧又感动，因为在孩子的心目中，父母胜过一切。

那么，为什么孩子最希望和爸爸妈妈共进晚餐呢？一方面是因为父母是孩子最亲的人，和最亲的人共进晚餐，本来就是最幸福的事情之一。另一方面是因为现代社会生活节奏太快，生存压力太大，大人们忙于工作，孩子和父母共进晚餐成了一种奢望，因为缺少，所以期盼。而大人们，又有多少人意识到与孩子共进晚餐的重要性呢？尤其是那些早出晚归、忙于应酬的爸爸们，你们知道每天和孩子共进晚餐对孩子成长的意义吗？

《如何拥抱一只刺猬》一书的作者布拉德曾说过："父母陪伴孩子最好的方式之一是陪孩子一起吃晚餐。"他认为全家人一起共进晚餐是一件快乐而幸福的事。有些父母也许很珍惜一家人共进晚餐的温馨时刻，但未必懂得这件事蕴含的深刻意义。事实上，和孩子共进晚餐不仅能提升亲子关系，促进亲子感情，更能促进家庭教育。因为一家人围坐在餐桌前的时候，是父母对孩子进行家庭教育最好的机会。具体来说，与孩子共进晚餐有以下三个方面的意义：

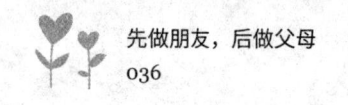

意义1：亲子交流的好机会

一家人想要和睦相处，需要经常性地交流思想、增进感情。白天大家各忙各的，几乎没时间交流，而轻松享用晚餐的时候，无疑是交流的绝佳时机。一家人可以自由诉说彼此一天的经历：可喜之事一起欢庆，共享快乐；可恶之事相互安慰，化解烦恼。

交谈间，父母可以感受孩子对人对事的认识能力。如果发现孩子的认识有失偏颇，可以借助看似不经意的意见交换，委婉地提醒、引导孩子纠正不正确的价值观。这样在潜移默化中就能矫正孩子的"三观"。

意义2：餐桌礼仪教育的好平台

餐桌之上，一个人的吃相反映了其素养、品位，甚至家境。可以说，吃相是家庭教育的重要内容之一。因此，父母可以利用与孩子共进晚餐的机会，对孩子进行餐桌礼仪教育，让孩子养成"坐有坐相，吃有吃相"的好习惯。这样孩子长大后，在与人一同用餐的时候就不会长幼无序、左挑右拣、狼吞虎咽、大声咀嚼等。当然，这些餐桌礼仪知识的掌握，特别是细节习惯的养成，不可能在一朝一夕之间完成，靠的是对孩子不断强化和反复训练。

意义3：感恩教育的好场所

"一粥一饭，当思来之不易；半丝半缕，恒念物力维艰。"节约粮食是一种高尚的美德，懂得感恩是一个人基本的素养。与孩子共进晚餐时，父母可以适时对孩子进行感恩教育，晚餐前后可以让孩子做些力所能及的家务，让孩子体会每一顿饭菜的来之不易，从而让他明白父母养家糊口的艰辛。

讲到这里，也许有家长会提出异议："不是经常听说不能在餐桌上教育孩子吗？餐桌上教育孩子对孩子的健康不利。"其实，此"教育"不同彼"教育"，如果把餐桌当成批判台和论道场，动辄训斥孩子、责骂孩子、打击孩子，或长篇大论地跟孩子讲大道理，的确会增加孩子的心理负担，造成孩子心情压抑，影响孩子的食欲，殃及孩子的身心健康。这当然是不可取的，是家长应该避免的。我们这里所指的餐桌教育是以谈话、谈心方式为主的民主交流，是积极引导和正面示范，与批判、斥责完全是两码事，对孩子健康成长有着非常积极的意义。

中国教育科学院曾针对全国2万名小学生和2万名小学生家长做过一次调查，结果发现：能够每周陪孩子共进三顿晚餐的家庭，其孩子学习成绩比较好。可见，与孩子共进晚餐有着非凡的教育效果。如果父母抓住与孩子共进晚餐的机会，因势利导、循循善诱、自然而然地教育孩子，就可以在不知不觉中达到润物无声、春风化雨的效果。

所以，不管多忙，请尽量把你的应酬时间安排开，把晚餐时间留给家人和孩子。尤其是忙碌的爸爸们，陪伴孩子的时间有限，更应该珍惜与孩子共进晚餐的机会。

1. 高度重视与孩子共进晚餐这件事

不少家长认为，不就是一起吃饭吗？陪不陪孩子有什么关系呢？殊不知，与孩子共进晚餐绝不仅仅是一家人坐在一起吃顿饭，它意味着家人团聚，是一天中最重要的时光，是增进亲子感情的重要形式。因此，家长们，尤其是爸爸们一定要高度重视与孩子共进晚餐这件事。

爸爸们，试想一下一家人坐在一起共进晚餐的画面，大家其乐融融，谈天说地，谈笑风生，孩子是不是能够感受到家庭的温馨呢？这对孩子建立安全感十分有益。进餐过程中，爸爸对孩子表达关心，能够满足孩子"渴望爱、渴望被关注"的心理需求。同时，晚餐也为孩子提供了与爸爸对话、向爸爸倾诉、同爸爸交流的机会，有利于建立良好的亲子关系。

爸爸经常陪孩子共进晚餐，还有利于培养孩子健康的人格。爸爸是一家的顶梁柱，是男子汉，通常具有独立、自信、勇敢、果断等品质。孩子和爸爸共进晚餐的过程中，不仅可以感受来自爸爸的关爱，还能从爸爸的言谈中感受到爸爸的阳刚之气，从而培养自己独立、宽容、勇敢等品质。

2. 营造良好的晚餐氛围

当你意识到与孩子共进晚餐的重要性之后，还应努力营造良好的晚餐氛围。为此，家长要做到：不把工作及生活中的不良情绪带回家，不在餐桌上对孩子发脾气，夫妻俩不要在饭桌上怄气、冷战、沉默不语；尽量和孩子交流轻松愉快的话题，而不是谈论孩子的学习成绩、孩子的缺点、坏习惯等；关心孩子是否开心，鼓励孩子分享一天中愉快的经历，而不是追问孩子上课学了什么；和孩子分享自己的童年趣事，讲讲克服困难、获得成功的经历；和孩子一起制定第二天的晚餐食谱……这样，孩子才能感受到父母的关怀，从而健康快乐地成长。

如何陪孩子写作业才能不崩溃

正所谓："不写作业母慈子孝，一写作业鸡飞狗跳。"一提到陪孩子写作业，很多家长就非常激动。家长们纷纷抱怨陪孩子写作业太累，太危险，无论平时看上去多么优雅的妈妈，还是平时看上去多么绅士的爸爸，一到了晚上陪孩子写作业时，就会情绪失控地大喊大叫，不知情的邻居还以为夫妻吵架呢。

家长徐女士直言，陪孩子写作业要把她逼疯。她家孩子刚上三年级，写作业时，不是玩橡皮，就是玩铅笔，要么就说肚子饿，起身找吃的。算术题不知道有多差，计算慢；看图写话题也很糟糕，半天写不出几个字。半个小时的作业，经常要一两个小时才完成，每次把她和丈夫气得半死。

2019年，腾讯教育推出一个名为"作业焦虑"的调查问卷，结果显示：58%的家长每天辅导孩子做题，而90.8%的家长辅导作业时跟孩子发过脾气。在陪孩子写作业这件事上，有些家长甚至感叹："这究竟是个什么'神兽'啊！"

那么，家长怎样陪孩子写作业才能不崩溃，并让孩子从需要陪写作业向自主写作业过渡呢？以下四点值得家长参考：

1.陪写作业前，让孩子制订学习计划

每天陪孩子写作业前，家长可以让孩子先制订一个计划，即明确先完成哪个学科的作业，再完成哪个学科的作业，并给每一学科作业设定完成的时间。比

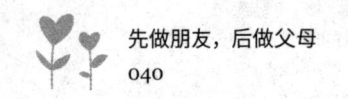

如，7：30-8：00完成语文作业，然后休息10分钟，8：10-8：40完成数学作业。这样孩子写作业的时候，就不会漫无目的，频繁更换学习科目。

需要注意的是，在孩子制订学习计划时，家长可以提醒孩子大致评估作业的难易程度，按照先易后难的顺序来安排。容易的先做，能减轻孩子的压力，也能激发孩子的信心和兴趣。让孩子自主制订学习计划，还能提高孩子的参与感和积极性。

由于学习计划是孩子制订的，相对来说，孩子更愿意按照自己的计划执行。假如孩子不遵守计划安排，中途随意变换学习内容，家长可以提醒他："学习计划是你定的，既然你不按计划来，那明天妈妈来定计划，到时候你可别喊累啊！"相信孩子听到这句话，不会不在意的。

在这里，我们要提醒家长，一般不要替孩子制订学习计划。因为你对孩子各学科作业的难易程度、数量多少不了解，也不知道孩子每天对作业的心理感受，盲目制订的计划孩子怎么认同呢？当孩子不按你制订的计划执行时，你是否会产生一种挫败感呢？认为家长的权威受到了挑衅，会不会更加严厉地斥责孩子呢？这会让你陷入恶性循环。因此，一定要让孩子自主制订学习计划，家长适当提些建议即可。

2.认清陪写作业的角色，拒绝当监工

陪孩子写作业时，家长应该认清自己的角色——陪伴者，不要做一名监工，随时盯着孩子的错误。一旦发现问题，就一边帮孩子涂擦，一边不停地说"这里少了一笔""那一横写短点儿""这字写歪了""用橡皮擦，别那么大劲""认真写，好好写""写不完今天就别吃饭"……

不少家长认为，及时提醒、纠正孩子的错误，孩子才能长记性，才能学会正确的内容，而事实却恰恰相反。这样做只会加深孩子的焦虑情绪，增加孩子的挫败感，打击孩子写作业的积极性。结果，孩子可能更容易犯错。

要知道，写作业是孩子的义务，题目做错了，字写错了，有涂擦痕迹，字迹不工整，孩子自然要为自己的行为负责。所以，家长要让孩子认识到自己才是完成作业的主体，让孩子发挥自主意识去写作业，家长只做一个辅助者、陪伴者就可以了。

3.用温和善意的提醒代替指责和唠叨

不同年龄的孩子，专注的时间是不同的。低年级的孩子注意力有限，能够全身心投入到写作业上的时间是短暂的。因此，写作业的时候容易出现走神、做小动作等情况。每当这时，有些家长就会习惯性地用指责的语气命令孩子："又想干什么？能不能好好写作业？""又想偷懒是吗？给我认真点儿。"或者在孩子耳边不停地唠叨："写作业要认真点儿啊，早点儿完成作业，你就可以玩儿了。""快点儿写作业，别墨迹了！"幻想以此拉回孩子的注意力。但这种做法会让本来就抗拒写作业的孩子产生更强的抵触情绪，孩子可能故意慢吞吞地写作业，以此表达心中的委屈和不满。

想要拉回孩子的注意力，且不让孩子反抗抵触，最好的办法就是对孩子进行温和善意的提醒。当孩子走神时，家长可以对孩子说："写作业的时候要注意什么呢？""前面一段时间你写作业很专心，要继续保持状态哟！"语气要温和一些，说的时候把语速放慢，把语气拉长，让孩子感受到家长的关怀，而不是催促和指责。切记，温和善意的提醒也不能反复进行，说一句就够了。因为好话说多了就变成了唠叨，孩子听了也会感到厌烦。

4.一定要给孩子留足自由支配的时间

每天放学后，孩子除了完成作业，还应该享受一定的自由时光。家长可以和孩子商量："你先把作业完成，剩下的时间你可以自己安排。"要让孩子感觉到，在相对有限的时间段内，如果抓紧时间学习，缩短用于写作业的时间，那么自由支配的时间就更多。这样能够激励孩子提高写作业的效率。在这里，给家长们介绍两个实用的小方法：

（1）教孩子用"列清单法"管理作业时间

让孩子每天把要完成的作业列一个清单，梳理并清空一下大脑，然后由易到难各个击破，完成一个就在清单上划掉一个，这样可以让孩子获得成就感。

（2）巧用计时器，提高写作业效率

家长可以和孩子约定，在保证作业完成质量的前提下，每学习15分钟，就可

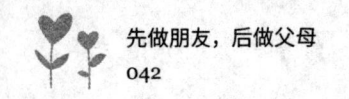

以休息2分钟，或每学习30分钟，就可以休息5分钟。具体根据孩子年龄来设计，休息时间允许孩子做自己喜欢的事情。这样，孩子因为想做自己喜欢的事情，才会更有紧迫感，从而写作业时会更专注。

5.检查作业这项工作要由孩子来完成

检查作业是保证作业质量的有效手段。当孩子完成作业后，不少家长为了让孩子的作业得"优"，会主动帮孩子检查作业，发现错误，立刻指正。久而久之，孩子形成了一种习惯，每当写完作业时，就会把作业丢给爸爸妈妈："快给我检查一下，看有没有错误。"殊不知，这对培养孩子认真检查的习惯极为不利。试问，孩子考试的时候，没有家长陪着，没有家长帮忙检查，他又该如何发现自己的错误呢？

有位老师说，她在批改作业时经常遇到这样一种情况：有的孩子每天交上来的作业都是"优"，可一到考试就错误百出。很多题并不是孩子不会做，而是粗心大意出了错。这明显是因检查不到位而出现的错误。所以，她建议家长一定要让孩子自己检查作业，而不仅仅是帮孩子把家庭作业"包装"到全优。这无异于"掩耳盗铃"，对孩子有害无益。所以，为了孩子着想，一定要把检查作业、改正错误这项工作交给孩子来完成。

陪孩子阅读，是最浪漫的教养

陪伴是孩子成长最好的礼物，阅读也一样。那么，由"陪伴"和"阅读"组成的亲子阅读，更是孩子成长所期盼的精神养料。作为孩子的一面镜子，作为孩子最好的老师，如果父母能够以身作则，从小陪孩子一起享受阅读，那对孩子而言无疑是最浪漫的教养。

王先生是一位教育工作者，多年以来，他都坚持每天在家阅读，或写文章，或批作业，或备课。他还不忘在孩子够得着的地方放一些儿童画报、图画书、故事会。很自然地，他的女儿很小的时候就模仿他阅读。

随着女儿一天天长大，王先生阅读的兴趣一直没有变。不同的是，书房里、台灯下多了一个可爱的小身影。只要女儿在读书，王先生就不会打扰她。即使有时候女儿不是很专注，王先生也不会批评她。他知道阅读对孩子来说其实是别具一格的游戏，不必急于追求结果。当女儿遇到不懂的地方，并向王先生提出疑问时，王先生总是不厌其烦地给女儿讲解。

通过大量的阅读，女儿认识了很多词语。上小学后，她什么书都爱看，什么书都能自如地阅读，如诗歌、童话、科学、自然、历史传记……难能可贵的是，她一本书经常反复阅读三五遍也不觉得厌倦。女儿第一次读《三国演义》原著时，因为读不懂文言文，竟然反复读了五遍"桃园三结义"，才弄懂了这个故事的意义。看到女儿这般执着，王先生和妻子感到非常欣慰。

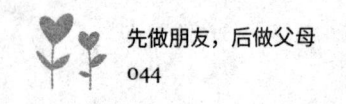

让孩子爱上阅读其实很简单，只需父母以身作则，陪孩子一起阅读。阅读的时候，父母可以引导孩子讨论书中的内容，和孩子交流对故事情节的理解。哪怕是和孩子一起朗读一段文字，孩子的思维、阅读水平都能得到提升。当然，对孩子影响最大的，莫过于品味书中的知识和道理、体会作者的思想感情时，养成的专注习惯。

亲子阅读可以增进亲子感情，有效地培养孩子的语言能力。通过阅读，孩子能够积累广泛的知识。所谓"腹有诗书气自华"，阅读还有助于孩子形成正确的价值观体系，使孩子拥有人文素养，有助于孩子甄别是非善恶，从而拥有强大的精神力量。

列夫·托尔斯泰说过："理想的书籍是智慧的钥匙。"亲子阅读还是学习科学、探索未知最有效的途径之一，无论是人文科学，还是自然科学。孩子都是充满好奇心和求知欲的，亲子阅读能够充分满足孩子的这一天性。长期坚持亲子阅读，引导孩子阅读各类课外书籍，有助于孩子形成良好的思维方式和学习习惯，这会让孩子受益一生。

那么，怎样才能让亲子阅读成为一家人轻松愉快的活动呢？

1.父母要克服困难，为孩子做好阅读的榜样

亲子阅读最大的难点不在于孩子，而在于父母。现代社会，人们迷恋手机、电脑、平板电脑等电子产品，对纸质书籍似乎失去了兴趣。再者，白天工作忙碌，回到家里躺在沙发上就不想动，哪有阅读的闲情雅致？可是为了和孩子将亲子阅读进行到底，父母不得不克服心理上的懒惰，放下手机，拿起书籍，静下心来，为孩子做好阅读的榜样。

有的家长可能会说："我不爱阅读怎么办，拿起书就想睡觉，根本就读不进去。"对于这种情况，建议家长先从"装模作样"开始。家长可以添置多种多样的图书，摆放在家中各个地方，营造浓厚的书香气息。茶余饭后，随手拿起书至少阅读15~30分钟，每天这样坚持，不断增加阅读时间。

当孩子发现父母每天阅读时，一定会好奇书中究竟有什么好东西，也会模仿父母捧起书来阅读，或要求父母给自己读故事、讲故事，这样亲子阅读就开始了。关于这一点，我们不妨借鉴一下北宋大诗人苏洵的做法。

小时候苏轼和弟弟苏辙特别顽皮，喜欢上树掏鸟窝，下河摸鱼虾，就是不喜欢读书。父亲苏洵想到一个主意：每当苏轼两兄弟跑进屋，他就赶紧把正在读的书藏起来。几次过后，苏轼兄弟俩特别好奇，终于逮着机会把书找出来认真阅读。几次之后，兄弟俩就爱上了读书，后来两人成为伟大的文学家、诗人。

2.培养孩子的阅读兴趣比什么都重要

爱因斯坦说过："兴趣是最好的老师。"亲子阅读不仅是为了让孩子学习知识，更应该是享受亲子相伴的幸福和求知的快乐。对孩子来说，阅读首先应该是为了满足求知欲、想象力、好奇心，在这个过程中他自然而然能学到知识、提升修养。

因此，父母要重视培养孩子的阅读兴趣，而不是追问孩子学到了什么，一定要让孩子感受到阅读是一件快乐的事情。最不可取的做法是，父母带着功利性把阅读当作任务，强迫孩子去读某类书籍，拷问孩子读完后掌握了什么知识。这样很容易扼杀孩子的阅读兴趣。因为当孩子发现阅读成为一种任务时，他就感受不到快乐，也会失去动力。

3.条件允许的情况下，最好给孩子单独的书房

一个书香气息浓厚的家庭，怎么能缺少书房呢？书房不要求装修高档，要的是阅读的氛围。条件允许的话，最好给孩子设立一间单独的书房，摆上一个书架，一张书桌，桌上摆放简单的盆栽，这就是最好的书房。

书架最方便孩子翻看的一层，一定要放上孩子爱读的书，必须是精品。那些暂时不适合孩子阅读的书，应该放在孩子够不着的地方。书架上，科普、历史、传记、儿童文学、经典名著等类型都要有，最好能够图文并茂，适合孩子的年龄段阅读。孩子很容易找到对自己口味的书，就很容易对阅读产生兴趣。

需要注意的是，6岁之前孩子喜欢带有图画的书籍，6~9岁孩子的文化敏感期到来，阅读的类型逐渐由读图向读文转变。这个过程也是亲子阅读向独立阅读转变的过程。作为父母应该循循善诱，不能急功近利，要记住：等待也是一种智慧。

孩子的问题，大多都能用深度陪伴治愈

打开育儿论坛、育儿公众号，经常能看到一些妈妈留言，说自己不懂孩子，对孩子的问题束手无策。细问后发现，她们要么工作太忙，没有时间陪孩子；要么孩子一直在老家跟老人生活，自己压根没带几天；要么自己天天带孩子，但从来没有用心陪伴孩子，没有跟孩子心贴心交流。

家长汪女士说，她女儿5岁多，人小脾气却不小，经常动不动就发脾气，或者长时间不和周围人说话。经了解得知，孩子从乡下奶奶家回到汪女士身边不到3个月，孩子对爸爸妈妈非常抵触，爸妈说往东她偏往西，要她吃饭她偏不吃，打骂也没用，还说要回奶奶家。

有一次，幼儿园老师告诉汪女士，说孩子有点儿胆小，经常一个人待在角落里发呆，无法融入集体。老师问汪女士："你是不是工作太忙，没有太多时间陪孩子？"汪女士摇了摇头说："实际上我工作比较自由，加上我性格喜欢安静，也没什么社交活动，所以我陪孩子的时间还是比较多的。"

老师似乎看出了什么问题，笑着说："陪伴是门艺术，并不是你在孩子身边就是陪伴，更重要的是，你要懂得孩子需要什么，要与孩子有交流，参与到孩子的成长过程中去，这才是有效陪伴。"

听老师这么一说，汪女士有点无言以对了。她脑海里像放电影一样回忆起这段时间与孩子相伴的时光，多少个夜晚孩子在她身边翻滚，或是看电视，或是玩

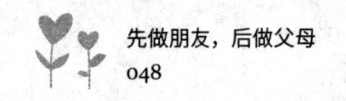

游戏，而她却拿着手机刷视频、发朋友圈，或跟约稿者谈合作，偶尔对孩子来一句："少看电视，多看书哦！"依照老师的标准来看，这根本不算有效陪伴。想到这里，汪女士似乎明白了问题所在……

我们身边有很多这样的家庭：父母每天围在孩子身边，却把孩子养成了"留守儿童"。只因为他们把自己的时间交给了网络，献给了手机，而让自己成为孩子心里一个虚拟的角色。当孩子让父母陪自己做游戏时，他们不耐烦地说："自己玩去！"当孩子要求父母给自己讲故事时，他们说："自己看书去！"结果，孩子觉得父母是离自己最遥远的人。所以，千万不要以为在孩子身边就是尽职尽责。

事实上，孩子由于缺少陪伴而出现的各种问题，包括亲子关系问题，其实大多都能通过后续的陪伴治愈，但前提是有效陪伴、深度陪伴。这一点在电影《我爸比我小四岁》中，有非常经典的体现：

该电影讲述了一个很现实、很严肃的主题。一开始，剧中的角色都处于焦虑中，白凯南饰演的成功人士"老陈"为女儿的不听话感到焦虑，女儿希希则为父亲老陈的永远缺席而感到焦虑。

为了得到老陈关注，希希和一帮同学去酒吧寻欢作乐，故意寻衅滋事，然后让警察把自己带到派出所，以此报复疏于陪伴的老陈。当老陈匆匆赶来时，希希却愤怒而悲伤地冲他喊道："你的工作就是杀人犯。"

就在这个关键节点上，老陈遭遇了一场车祸，虽然苏醒过来了，但智商却降到5岁以下，比9岁的女儿智商还低。而且公司被人侵占，生计压力迫使父女二人踏上流浪的路途。没想到，这段相依为命的经历却成为他们最亲近的时光，无形中促成了他们彼此的深度陪伴。他们开始沟通，开始感知对方的处境，他们的关系也有了天翻地覆的改变。

你看，互相指责、互相较劲不能解决的问题，通过深度陪伴就能够解决。这部电影的独特之处在于，它通过让父母变小、变贫穷，去除了成人在所难免的优越感，然后让父女在面对共同问题时，心与心紧紧地靠在一起，走向了深度陪伴，最后双方互相懂得了对方。

《我爸比我小四岁》这部电影也告诉我们，真正的陪伴，是需要参与感、带入感的。父母要把自己当成一个同龄甚至更小的孩子，用孩子的视角感受孩子的渴望。父母还需要花一点儿心思，回想自己童年那些不能言说的内心世界。父母更需要一点儿耐心，耐心等待自己终于被孩子接受，等待各种奇迹发生。总之，真正的陪伴考验的是父母的综合素质。

现实生活中，很多父母还处在与孩子关系紧张的阶段，面对孩子表现出来的各种问题，他们抓耳挠腮，不得其法。殊不知，深度陪伴能治愈孩子的"百病"。如果做不到，则可能导致孩子留下各种后遗症。这些症状有可能在孩子小时候就有所表现，比如厌学、叛逆、孤僻等，甚至消极厌世。当我们看到一个成年人的脸上没有快乐时，或许就有机会听他们说起童年缺乏父母陪伴的孤独生活。也许他们能够笑着说出那些不幸，但他们的灵魂仍然处在阴暗之中，终生得不到救援。

所以，如果你不想让孩子有这样的人生，不妨向智商退化后的"老陈"学学。通过自己的方式，做孩子的同龄人，变成孩子的朋友，加入孩子的同盟，成为孩子克服人生路途上各种难题的伙伴。只有把自己"变小"，把心态放低，才能给孩子诚恳而有效的陪伴。

第3章
做孩子的朋友,先要读懂孩子的心

说到朋友,一般就是指可以相互信任、相互理解、相互帮助的知己。同理,如果父母想做孩子的朋友,首先要取得孩子的信任,懂得孩子的心理,理解孩子的想法,这样孩子才会开心地和父母相处,并把父母当成知心人,当成朋友。

父母对孩子的很多日常行为并不理解。比如,孩子懒惰、爱撒谎、磨蹭、偷东西、不听话、不懂感恩,等等。其实这些问题背后都有一定的心理原因。

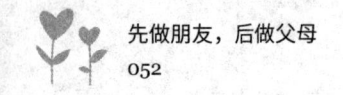

孩子懒惰——可能是你包办太多

生活中,经常出现这样的现象:早上起床,妈妈帮孩子穿衣服;出门之前,爸爸帮孩子收拾书包;玩具被扔得满地都是,爷爷奶奶帮忙收拾。尽管大人对孩子满是抱怨,但抱怨的同时他们仍然把孩子该做的事情做了。这种包办行为不仅破坏了孩子本身的成长节奏,还会助长孩子的惰性,孩子会想"反正爸妈会替我做",因此本该自己做的事情就习惯于依赖父母。

蒋女士经常向小区的邻居们抱怨自己上小学的女儿懒散,她说女儿从来不主动做家务,自己的房间也不整理,就连早上起床也总是磨磨蹭蹭。周末女儿也喜欢宅在家里,叫她出去散步,她却说:"走路很累,我才懒得去。"蒋女士抱怨完还忍不住叹息,说她就是劳碌的命,怎么养了这么一个女儿。

听到这里,邻居宋女士突然想起一个亲戚家的男孩。这个孩子的爸妈都是上班族,孩子从小由两位老人带。爷爷奶奶特别宠爱孙子,对孙子有求必应,真是"含在嘴里怕化了,捧在手里怕碎了"。这个孩子7岁了,吃饭还要大人喂,走路动不动就喊累,然后要求大人背。由于长期缺少运动,小男孩身材严重肥胖,稍一活动就喊累,这使得他更不愿意活动。

为什么有的孩子活泼好动,凡事喜欢尝试,做事积极性特别高,而有些孩子懒散成性,什么事都不爱做呢?其实,这并不是孩子的错,而是家长的教养方式有问题。我们知道，懒惰是人的天性，如果有人愿意替我们做事，大概没人会拒绝。同样的道理，父母一直帮孩子做事，孩子当然容易产生依赖性，然后会越变越懒。

孩子的天性是活泼好动的，尤其是0~6岁的孩子，处于动作敏感期和习惯养成期，在这个阶段如果父母包办太多，孩子失去了做事的机会，就会严重影响他们此后做事的积极性和主动性。将来他们踏入社会，即使学习成绩再好，也可能高分低能，甚至连基本的生活自理能力都没有，这样的人谈何成功？

他两岁便掌握了1000多个汉字；4岁时，他基本完成初中阶段课程的学习；8岁时，他成为重点中学的一名学生；13岁时，他以优异的成绩考入湘潭大学物理系；17岁时，他考入中国科学院高能物理研究所，硕博连读。他就是湖南少年魏某，他的少年时光让人惊叹不已，但他后来的经历却让人扼腕叹息。

原来，他进入中国科学院后因脱离了母亲的照顾，而完全无法自主安排学习和生活。他天热的时候不知道脱衣服，天冷了不知道加衣服，大冬天还穿着单衣、跂着拖鞋往外跑。他的房间从来不打扫，他的脏衣服、袜子扔得到处都是，屋子里也臭烘烘的。最终，在他20岁那年，他因生活自理能力太差，知识结构不适应中科院的研究模式而被劝退。

在被中国科学院劝退后，他的母亲曾深刻反思自己的教育方式。母亲曾经只让儿子看书学习，从不让儿子做家务，连牙膏都要替儿子挤好，还给儿子洗衣服、端饭、洗澡、洗脸，甚至为了不耽误儿子看书时间，她还亲自给上高中的儿子喂饭……从小学到大学，母亲一手包办了儿子的生活琐事。儿子被劝退后，她才恍然大悟，意识到正是自己的包办让儿子懒惰成性，从而失去了生活自理能力。

不少家长总是担心孩子做不好，还得自己去收拾烂摊子，因此干脆替孩子把事情都做了。特别是在"隔代教育"中，这种现象更普遍。例如，老人帮孩子穿衣、收拾玩具、背书包、喂孩子吃饭、抱孩子上下楼等，这些做法很容易造成孩子四肢动作发展缓慢，独立生活能力差，而且处处依赖家长，事事以自己为中心。那么，怎样才能改变孩子懒惰的习惯呢？

1. 做个"懒家长"，孩子更勤快

父母太勤快，对孩子事事包办，孩子有了依赖，自然容易变懒。反之，如果父母懒一点儿，对孩子的事情少做一点儿或不做，或做慢一点儿，把动手做事的机会留给孩子，孩子将会变得更勤快。

有位先生白手起家，打拼5年创业成功。他兄弟姐妹5人，其中4人都从名牌大学毕业，而且毕业后都在事业上取得了不错的成绩。成家立业后，他们都很孝顺父母，抢着把父母接到身边住，这在当地成为一种美谈。

不少人专门去家里拜访他父母，想知道他父母是怎样教育孩子的。原以为拉扯5个孩子长大不容易，没想到他父母却笑着说："我们从小教育孩子自己的事情自己做，他们都养成了这个习惯，我们很少操心。就连他们上大学，也很少花家里的钱，都是靠勤工俭学和奖学金交学费，我们没觉得养育孩子有多么辛苦。"

这一回答出乎很多人的意料，也给了大家不少启发和思考。

聪明的父母往往会做"懒父母"，他们懒得包办孩子的一切，这反而减少了孩子的依赖性，增强了孩子的主动性和独立性，给了孩子更多锻炼的机会，更容易培养出勤快的孩子。这种养育方式主要表现为放手让孩子干力所能及的事情，比如，对于学龄前的孩子，可以让他自己穿衣、扣钮扣、系鞋带、刷牙、洗脸；对于上小学的孩子，可以让他摆放筷子、打扫家里的卫生、倒垃圾、替家长取小物件、学会洗简单衣物、收拾自己的房间等。这些事情都是锻炼孩子的好机会，千万不要错过了。

2. 做个激励者，给孩子信心和勇气

聪明的父母经常做的一件事就是不断激励孩子，给孩子鼓励、支持、肯定和赞扬。当孩子遇到困难，或遇到没做过的事情时，他们不是代劳，而是鼓励孩子:"你能行,我相信你。"这能很好地激发孩子的信心,让孩子有勇气独立面对遇到的困难。如果孩子成功了,他们会和孩子一起分享成功的喜悦和快乐,甚至给孩子一点儿奖励。就算孩子失败了,他们也不会斥责孩子,而是鼓励孩子从失败中总结经验,吸取教训,继续想办法解决问题。

3.做个好导师,给孩子正确的示范

父母是孩子接触最多的人,如果父母勤奋积极,做事不拖延,不磨蹭,今日事今日毕,相信孩子也会有样学样。例如,及时换洗衣服,而不是让脏衣服留在那里过夜,甚至存放几天发出臭味;经常性地打扫卫生,整理家具,让家里井然有序;空闲时走出家门,或散步,或打球,或走进大自然。总之,不要窝在家里,一直躺在沙发上玩手机。

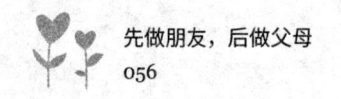

孩子爱撒谎——可能是为了逃避责骂和惩罚

提到孩子身上让人头痛的问题,"爱说谎"绝对算得上一个。在揪出孩子谎言的那一刻,父母常常感到失望和愤怒,心想:小小年纪就撒谎,这是品行问题,长大了还了得?果真如此吗?长期从事犯罪心理和青少年心理问题研究的李玫瑾教授曾说过:"没有哪个孩子天生爱撒谎,孩子爱说谎,往往跟父母有关。"

有位妈妈对女儿要求一向很严格,特别是当女儿犯错时,她总是对女儿一通劈头盖脸的责骂。被骂的次数多了,女儿的性格慢慢变得越来越内向和孤僻。有一次,妈妈发现女儿居然撒谎了,顿时觉得天塌下来一样,对女儿又是一顿狂风暴雨般的怒斥。

事情的大概情况是这样的:

妈妈每天都会给女儿做早餐,并要求女儿喝一杯牛奶。理由是喝牛奶对身体好,以后才能长高个儿。可那天她收拾厨房的垃圾桶时,发现牛奶居然被倒掉了。于是她压着火气问女儿有没有把牛奶喝完,女儿却一本正经地说:"喝完了。"显然,女儿在撒谎。

妈妈赶紧把女儿叫到厨房垃圾桶处,指着里面的牛奶质问女儿为什么要倒掉。看到妈妈严肃的脸庞,女儿一下子大哭起来:"其实我不喜欢喝纯牛奶,你不给我加糖,我根本就喝不下去!"

听到这话，妈妈仍然不顾女儿的情绪，立即对女儿一通怒骂。

有研究表明，越喜欢责骂和惩罚孩子的家长，越容易教出爱说谎的孩子，因为撒谎可以逃避责骂和惩罚。即使有些谎言可能会被戳穿，但在孩子看来，说谎是对自己的一种保护。特别是有些家长对孩子的惩罚过于残酷，让孩子无法接受，只好选择撒谎的方式保全自己。当然，孩子说谎的理由多种多样，除了逃避责骂和惩罚，还可能出于以下心理和原因：

原因1：无意识说谎

3岁前的孩子，其实并不知道什么是撒谎。父母觉得孩子说谎，可能仅仅是因为孩子把想象与现实混为一谈。比如，孩子和妈妈散步回来，爸爸问孩子："散步的时候有没有遇到有趣的事情？"孩子说："我看到一个小妹妹，她可喜欢和我玩了，还说要来我们家做客呢！"这时妈妈却指正道："哪有说来咱家做客啊？明明是你叫她来家里玩的，又撒谎。"殊不知，孩子说的"小妹妹还说要来我们家做客呢"是他一厢情愿的想象，是一种美好期待，并不代表他在说谎。所以，对于孩子的这种"谎言"可以不用在意。

原因2：模仿大人

孩子与父母生活在一起，有时候看到大人之间交流会说"假话"，如领导打电话来交代工作，爸爸明明在家玩手机，却撒谎说："领导啊，我回老家了，现在没法赶到公司加班啊！"孩子看在眼里，可能就会模仿。所以，这提醒父母要谨言慎行，以免误导孩子。

原因3：对抗心理

面对家人的严厉管教，孩子可能会害怕，会屈服，但内心却不服，甚至会产生逆反心理：你越是不让我做什么，说什么，我就越要做。所以，当发现孩子说谎时，父母有必要反思自己的教育方式，是否有"对孩子干涉太多，对孩子管教过严"的情况。

原因4：炫耀型说谎

伴随着孩子逐渐长大，孩子的自尊心、虚荣心也会慢慢增强。在和小伙伴、

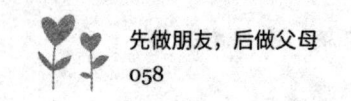

同学聊天时，可能会夸耀自己、炫耀自己，把没有的事情说得绘声绘色，好让大家对自己投来羡慕的眼光。比如，几个孩子聊到家里开什么车时，一个孩子撒谎说："我爸爸最近刚买了一辆豪车，动力超强，飞机都追不上它。"你看，这就是典型的炫耀型谎言。对于这种情况，父母应教育孩子不能捏造事实。

原因5：为了达到某种目的

有时候孩子为了达到某种目的，故意说假话。比如，不想上学时，假装肚子疼或说身体不舒服，或说书本忘带了，要回家拿，故意拖延时间，等等。

作为成年人，相信大家都明白一点：谎言无处不在，有时候善意的谎言反而是人际交往的必备工具。美国心理学家罗伯特·费尔德曼曾经做过一个实验：在人们交谈时，他带上隐蔽的摄像机录下全过程。统计结果令人吃惊，每个人每天至少撒3个谎。成人尚且如此，何况孩子呢？因此，对于孩子的说谎行为，家长要给予理解，不能一味责怪、惩罚孩子，而是要先了解孩子说谎的原因，然后针对具体原因来引导、教育孩子。

那么，发现孩子撒谎后，父母应该怎样教育孩子呢？

1.切忌乱贴"撒谎"的标签

当孩子说谎时，父母千万不要轻易就给孩子贴上"撒谎""骗人"等标签。父母不由分说地给孩子贴负面标签，长此以往，很容易导致孩子产生"破罐子破摔"的心理：你说我是骗子，说我爱撒谎，那我就做个骗子好了。

2.要理解孩子撒谎的心理

发现孩子撒谎后，要先搞清楚孩子为什么撒谎。多数情况下，孩子撒谎说明他有愧疚感、恐惧感，否则孩子不会用谎言保护自己，父母要试着理解孩子，然后采取正确的方式教育孩子。

妈妈在厨房做饭，7岁的女儿文文没有跟她打招呼，就带着4岁的弟弟去楼下玩耍。玩了一会儿，弟弟说肚子饿了，文文就把弟弟留在原地，叫弟弟不要乱走，然后自己回来给弟弟拿零食。等她再回来时，发现弟弟不见了。文文害怕回家挨骂，就撒谎说："我没有带弟弟出门，弟弟一直在家里。"急得妈妈到处找弟弟，幸运的是最后在楼下刘大爷家找到了弟弟。回到家，妈妈问文文为什么撒谎，文文哭着说："我怕你骂我，怕你打我。"

在这个例子中，女孩文文撒谎的心理就是出于愧疚感和恐惧感。对此，文文的父母如果能对孩子的心理表示理解，并平和地教育她："文文，以后不管发生了什么事，一定要告诉爸爸妈妈，好吗？你要记住，爸爸妈妈永远都爱你，不会随便打你、骂你。"然后给文文一个拥抱，拍拍她的头，相信文文以后遇到类似的事情就不会再撒谎了。

3.教孩子正确地解决问题

有时候孩子说谎，是为了掩盖问题，而不是直面问题、解决问题，其实这是一种逃避心理。父母有必要教孩子正确地解决问题，帮孩子建立积极的思维方式。就像上面的例子中，文文发现弟弟不见了，却谎称弟弟在家里。这就是在掩盖问题、逃避问题，有可能导致错过找回弟弟的时机。正确的做法是，立即把实情告诉爸爸妈妈，让爸爸妈妈及时去楼下找弟弟。作为父母，有必要教孩子懂得这个道理。

4.父母要给孩子做好榜样

孩子的模仿能力极强，如果父母当着孩子的面说谎，那么孩子是很容易学会的。所以父母一定要以身作则，在孩子面前尽量树立正面形象。当然，有时候父母可能会有一些善意的谎言，如果孩子指出父母的说谎行为，父母最好耐心地说明原因，让孩子明白说谎的善意动机。这对教育孩子要诚实、不说谎是很有意义的。

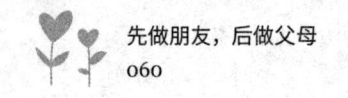

孩子拖拉、磨蹭——可能是缺乏时间观念

经常听到妈妈抱怨孩子缺乏时间观念,行动拖拉、做事磨蹭——起床磨蹭、洗漱磨蹭、上学磨蹭、吃饭磨蹭、写作业磨蹭、睡觉磨蹭……这不,有位妈妈倾诉说:

别人家孩子1个小时就能完成作业,我家孩子可能要磨蹭到深夜才完成,甚至有时还完不成。他放学回到家,一会儿找铅笔,一会儿找橡皮,一会儿找本子。好不容易都找齐了,他却说饿了……吃了点儿零食,总算可以坐下来写作业了,可没写几分钟,他又说渴了……牛奶饮料下了肚,吃饱喝足了,该学习了吧?可没学习几分钟,他又要上厕所……写作业如此,做其他事情也是这样。

看完这个案例,相信有相当一部分家长会对号入座,因为很多细节就是自家孩子的真实写照。那么,到底是什么原因导致孩子做事拖拉、磨蹭呢?最常见的原因可能是缺乏时间观念。

我们知道,有时间观念的人知道手头的事情应该在多长时间内完成,所以做起事情来会有计划、有效率。而缺乏时间观念的孩子没有这个概念,他们只知道爸爸妈妈或爷爷奶奶要求他们完成某件事,主观上并不确定要花多长时间才能完成,也没有强烈的动力去完成,所以总是慢慢吞吞、拖拖拉拉。

时间观念表现为正确地认知时间、科学地安排时间,做事有计划,讲究效率。孩子缺乏时间观念，就不会科学地安排时间，在生活的各个方面就会缺乏效率，比如起床、刷牙、出行、吃饭都非常磨蹭。

不少家长对时间观念的理解不全面，总以为时间观念是对大人的要求，孩子太小没必要培养，等长大了自然就有时间观念了。殊不知，在孩子小的时候父母不重视其时间观念的培养，孩子在学习和生活中就很容易养成拖拉、磨蹭的习惯。

反之，如果父母重视孩子时间观念的培养，早一些帮助孩子形成良好的时间观念，那么孩子在今后的学习、生活和工作中就能够更好地掌控时间，取得更大的成绩。

对待缺乏时间观念型的磨蹭，建议家长用讲故事的方法帮助孩子认识时间、强化时间观念，让孩子明白时间是最宝贵的财富。

有一次，夏女士给女儿读了一本图画书，名叫《慌张先生》。慌张先生是一位演员，当别人都起床收拾准备去看戏时，他还在呼呼大睡。醒来后发现时间不够，他就匆忙地穿上衣服，慌慌张张地跑到剧场，结果发现当天不是他的演出，闹出了很大的笑话。后来有人送给慌张先生一个闹钟，帮他改变了时间观念差、做事磨蹭的习惯。

夏女士的女儿听完妈妈读的这个故事后，深受启发。

她平时也比较拖拉，缺乏时间观念，每次吃饭的时候，总想着看动画片，磨蹭半天才开始吃饭。饭后，一家人要出门散步时，她也总是磨蹭着换鞋。当她磨蹭的时候，夏女士就说："慌张先生来了！"她听到这话，马上就加快了速度。

家长还可以用沙漏或定闹钟的办法，帮孩子设定时限，要求孩子在规定的时间内完成某件事。比如，孩子经常一边写作业一边玩，结果本来30分钟可以完成的作业，硬是拖到了1个小时。对于这种情况，家长可以根据孩子的作业量定个闹钟，规定孩子在闹钟响起之前完成作业。或设置一个沙漏，要求孩子在沙子漏完前完成作业。

除了缺乏时间观念导致的拖拉、磨蹭，孩子拖拉、磨蹭还有以下几个原因：

原因1：催促型的磨蹭

孩子拖拉、磨蹭责任全在于孩子吗？如果孩子能够平等地和父母沟通，估计孩子会反问一句："妈妈，你每天对我说的最多的一句话是什么？"

"起床的时候，你对我说：'快点儿起来啊，还不起来在磨蹭什么？'"

"吃饭的时候，你对我说：'快点儿吃啊，送你去学校后，我还要上班呢？'"

"临出门的时候，你对我说：'快点儿换鞋子，快点儿快点儿，不然就不等你了！'"

"放学的时候，你对我说：'快点儿回家，还有作业要完成呢！'"

"完成作业后，你对我说：'叫你预习一些明天的课程，你能别磨蹭吗？'"

"临睡觉前，你对我说：'快点儿去刷牙，快点儿上床睡觉，要是明天不能准时起床，别怪我掀你被子。'"

……

如果孩子可以大声说出心声，他们一定会说："妈妈，你不嫌累吗？你能不催我吗？"换言之，孩子之所以磨蹭，有很大一部分原因是父母催促过多，孩子产生了逆反和对抗情绪，这就叫越催越慢。

催促是一种负面暗示，父母不停地催促，其实是在不断强化孩子"慢""拖拉""磨蹭"等不良表现。久而久之，孩子的自信心、积极性都会严重受挫。时间长了，孩子听到催促就会下意识地想"反正我是个磨蹭的人"，索性就"破罐子破摔了"，最后变得对父母的催促无所谓。

想要改变这种类型的磨蹭，父母需要给孩子一些正面的强化和暗示，简单的办法就是从孩子感兴趣的事情出发，看到孩子行动迅速、做得快的时候，就肯定、夸奖孩子。

原因2：能力不足型的磨蹭

有一种磨蹭，是妈妈觉得孩子磨蹭。事实上，可能是孩子对新技能的熟练程度不够，做事的速度快不起来。比如，孩子穿衣服、做家务、整理房间比成人速度慢、效率低，并不是因为拖拉、磨蹭，而是能力所限。建议家长给孩子足够的时间，教孩子练习新技能，帮助孩子提高动作的熟练度和敏捷程度，慢慢提高做事的速度。

原因3：榜样不良型的磨蹭

孩子是父母的一面镜子，家有磨蹭的孩子，可能是父母没有做好榜样。比如，赵先生夫妻俩都属于慢性子的人，做什么事情都不紧不慢，他们的孩子和他们很像，做事也是慢悠悠的。再比如，有些家长吃饭的时候看手机、看电视，导致吃饭慢腾腾的，或者因为疲惫、懒散而经常懒床。这些不良行为会潜移默化地影响孩子。所以，建议家长先自我检查，提高自己的时间观念，努力为孩子做个好榜样。

原因4：好奇引起的磨蹭

有时候孩子磨蹭纯粹是因为好奇心太重，比如，上学的路上，孩子见路边的野花开得很漂亮，产生了好奇心，驻足观察、思考，结果耽误了上学时间。再比如，放学回家的路上孩子遇见了一只小宠物狗，忍不住上前逗一逗宠物狗。对孩子来说，世界上有太多有意思的事物，为什么就不能看一看、摸一摸呢？对于这种类型的磨蹭，建议家长对孩子多一点儿理解和包容，告诉孩子："现在时间紧张，我们要快点儿去学校，不然会迟到的。如果想观察野花，放学后再来观察。"让孩子明白在对的时间做对的事，孩子才能管理好自己的学习和生活。

最后，针对孩子拖拉、磨蹭的行为表现，家长还可以采用以下方法来教育引导孩子：

1.明确要求，说到就要做到

当孩子磨蹭时，父母可以明确提出时间要求，时间一到，坚决兑现承诺。比如，到了该睡觉的时间，孩子却流连于动画片，迟迟不肯关电视。父母可以对孩子说："再看5分钟，5分钟后我会关掉电视。"5分钟后，如果孩子依然不肯关电视，家长应立即把电视关掉。最忌讳的是，家长说到做不到，"算了算了，再让你看5分钟吧。再过5分钟，我肯定会关电视的。"这样会让家长在孩子心目中失去威信。

2.让孩子尝到"慢"的苦头

当孩子慢腾腾地写作业，或拖着不肯洗漱、睡觉，或迟迟不愿意去学校时，

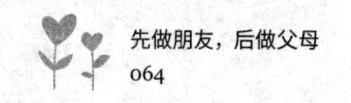

建议家长们不要催促,也不要大喊大叫,大发脾气。家长只需明确地告诉孩子:"到了9点半,要上床睡觉,不要再做作业,完不成作业明天就等着被老师批评吧。""不肯洗漱、睡觉,明天早上起不来,上课还会打瞌睡!""上学迟到了,等着挨批评吧!"告知孩子后果,然后让孩子尝一尝"慢"的苦头。

3.让孩子尝到"快"的甜头

当孩子跟你说:"我还想看一集动画片再睡"时,你可以这样说:"你今天多看一集,明天就少看一集。如果今天在约定的时间结束,明天我会让你多看一集。"当然,第二天你要说到做到。

孩子爱偷东西——可能是他的占有欲太强

张女士在某育儿论坛中说，她女儿今年4岁，在幼儿园上小班。最近她发现女儿书包里总有一些不属于自己的玩具，于是她问女儿这些玩具从哪来的，女儿回答说是幼儿园的，因为她很喜欢，所以拿回家来玩。

张女士问女儿这么做是否得到了老师的允许，女儿就开始支支吾吾起来。张女士告诉女儿，未经别人允许就拿别人的东西，这种行为叫"偷"，偷东西是非常不道德的事情，她要求女儿第二天把玩具还给老师，并警告女儿以后不准再随意拿不属于自己的东西，女儿答应了。

可是过了没两天，张女士发现女儿的书包里又多了一样玩具，追问之下才知道，原来这个玩具是女儿去邻居家玩的时候顺手拿回来的，因为女儿觉得这个玩具很好玩。

张女士说，她本以为女儿知错就改，但没想到女儿偷拿别人东西成了一种习惯，她真的很生气，也很担心，觉得孩子小小年纪就养成这样的坏习惯，长大了还了得？

"小时偷针，大时偷金。"这句俗语想必每个家长都听说过，也明白偷拿东西的危害。正因为如此，很多父母才会一见孩子有偷东西的行为，就马上紧张起来，认为事情很严重。就像长篇小说《追风筝的人》中说的那样："这个世上的罪行只有一种，那就是盗窃，其他罪行都是盗窃的变种。"有些父母甚至把孩子的"偷"上升为道德问题，认为孩子的道德有问题。

事实果真如此吗？不是，其实对于2~7岁的孩子来说，偷东西远远不能上升为道德问题，那不过是孩子道德认知发展过程中的正常现象。瑞士心理学家皮亚杰认为，孩子的道德发展是一个由他律逐步向自律、由客观责任感逐步向主观责任感转化的过程。

当然，这并不意味着父母可以对孩子偷东西的行为听之任之，而必须要做好引导和教育。具体怎么做呢？这需要针对孩子偷东西背后的心理原因，采取有针对性的策略来引导和教育：

原因1：物权意识模糊

3岁前的孩子，因物权意识模糊，分不清楚什么是"我的"，什么是"别人的"。在他们的意识里，凡是自己发现的、喜欢的、正在玩的东西，都是"我的"。这个阶段的孩子最典型的心理表现是，"这个是我的，那个是我的，所有的都是我的。"特别是一些复杂的概念，他们更容易混淆。比如，为什么幼儿园做的手工可以带回家，幼儿园里的玩具却不能带回家？为什么超市货架上的东西不能吃，促销员阿姨给的能吃？由于搞不清楚原因，他们很容易出现"偷"东西的行为。

对策：不乱贴标签+灌输物权意识

针对孩子因物权意识模糊而出现的偷东西行为，家长切忌乱贴标签，更不可把这种行为上升为道德问题，毕竟孩子的自我评价水平低，对父母的评价很容易产生认同的心理。如果家长经常用"小偷""偷东西"等词汇批评、责骂孩子，那么孩子真的会认为自己是小偷，这对他的身心健康发展极为不利。当然，也不能用暴力惩罚孩子，否则可能会激起孩子的叛逆心理，适得其反。

正确的处理方式是，向孩子灌输物权意识，让孩子明白什么东西是别人的，什么东西是自己的。比如，告诉孩子："那是别人的东西，不可以拿回家。""如果你想把别人的东西拿回家，要先征得别人的同意。""你的东西别人不能拿走，你也不能拿走别人的东西。"

同时父母也要给孩子做好示范，尊重孩子的物权。比如，平时在家里，不能随便动用孩子的东西，或者未经孩子同意就扔掉孩子的玩具。家里来了小客人，小客人想玩孩子的玩具，父母也不能强行把孩子的玩具拿给小客人玩，而应先征求孩子的同意。家长尊重孩子的物权，做好示范，孩子就容易做到尊重他人的物权。

原因2：需求没得到满足

年幼的孩子大脑发育还不成熟，难以控制自己的行为和情绪，当他们的需求没得到满足时，脑海中就会出现"我想要"的念头，如果这种念头比较强烈，孩子就会控制不住地想占有，从而出现"偷"的行为。比如，孩子和父母逛超市时，特别喜欢某个小玩具，可父母不给他买，于是他可能就会趁父母不注意，把玩具揣进兜里。再比如，孩子很喜欢某个玩具，正好小朋友家有这个玩具，于是他就可能会趁小朋友不注意，把这个玩具带回家。

对策：适度满足孩子的需求

生活中，有些父母对孩子比较溺爱，几乎有求必应，却不知这种过度满足会让孩子产生一种错觉——我想要什么，就必须有。当某天他们的需求得不到满足时，他们就容易出现抢夺、抢占、偷拿等行为。

同样，有些父母对孩子比较"苛刻"，孩子正常的需求也得不到满足。比如，孩子想要一个新书包、新文具盒，父母觉得没必要买，也不作任何解释。久而久之，孩子就会产生自卑心理，认为父母不爱自己。这种情况下，孩子为了填补心理上的缺失，可能会出现"偷"的行为，其实这种行为对父母是一种报复。

鉴于此，父母在面对孩子的需求时，应适当地满足。怎么做才算适当呢？比如买玩具，不要孩子一开口，就立刻满足，可以跟孩子约定："这一周只能买一个玩具。"还可以跟孩子约定："如果你能坚持一周，每天按时睡觉、按时起床，妈妈就给你买个玩具来奖励你。"这样既不会纵容孩子，也能培养孩子的自制力。

原因3：缺少爱和陪伴

有些孩子长期缺少父母的爱和陪伴，很少得到父母的关注，久而久之，很容易出现心理问题。为了得到父母的关注，他们会故意做出一些父母不认可的事

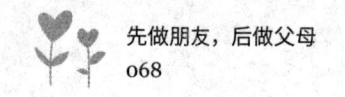

情，其中偷东西就是一种常见的行为。在他们看来，即使被父母打骂训斥，起码也能得到父母的关注。所以说，有时候孩子偷东西是为了寻求关注。

对策：多陪伴孩子，多关爱孩子

在很多父母眼中，钱比陪伴更重要。他们认为，只要满足孩子的物质要求，什么情感不情感的，根本不重要。殊不知，对孩子来说陪伴和爱比物质满足更重要。曾有这样一个观点：孩子的盗窃癖可能不是品格问题，而是精神问题，可能是精神上生了病，需要父母的关注和爱，父母的爱才是治愈孩子心灵疾病的良药。因此，父母要重视陪伴孩子，关心孩子，满足孩子的情感需求。这样孩子才会快乐，才会幸福，也才能健康成长。

最后要强调的是，在引导和教育孩子后，父母应正确处理孩子偷拿的物品，要告诉孩子：偷拿别人的东西必须归还，还要向物品的主人道歉。这一点很重要，切勿默许孩子偷拿他人东西的行为，否则孩子可能再犯同样的错误。

说一百遍都不听——可能是你的唠叨出现了"超限效应"

经常有父母反映这样一个问题:"为什么我和孩子讲话时,孩子总是表现得很不耐烦?稍微多说几句,孩子就没好气地说:'知道了,知道了,有完没完啊?'"

在回答这个问题之前,我们不妨进行一个合乎现实的假设:

假设到了周末,你好不容易有时间休息,正躺在沙发上玩手机,可还没3分钟,妻子就在一边唠叨,说家里太乱,像个狗窝,让你收拾一下。本来,就算妻子不说,你也是打算收拾屋子的。可是,听到妻子喋喋不休的唠叨后,你反而不想行动了,心想:"你唠叨吧,我偏不收拾屋子。"

孩子也有这样的心理,当他们犯了错,或所做的事情不如人意时,他们心里多少也会有内疚,也许正在思考怎么弥补自己的过错。如果你不懂孩子的心理,想当然地唠叨、指责孩子,只会加剧孩子的内疚感,让孩子更加自责。严重的话还会激起孩子的逆反情绪,适得其反。

事实上,反复唠叨导致不耐烦是有心理原因的,它在心理学上被称为"超限效应"。关于超限效应,有一个很有意思的故事:

有一次,马克·吐温在教堂听牧师演讲。一开始,牧师的演说很动听,他被

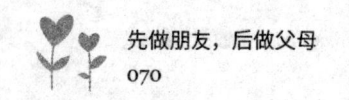

打动了,想立马捐款。大概过了10分钟,牧师还没讲完,马克·吐温有些不耐烦了,决定只捐一些零钱。又过了10分钟,牧师还在演说,马克·吐温决定一分钱也不捐了。当冗长的演讲结束时,马克·吐温不但没有捐钱,反而从募捐箱里拿走了2美元。

为什么马克·吐温一开始打算捐款,后来一分未捐,还拿走了2美元呢?原因很简单,牧师超长的演说让他产生了不耐烦和强烈的反抗心理,这就是心理学上的"超限效应"。说白了,就是啰嗦让人厌烦。

在日常生活中,很多父母都在不经意间扮演滔滔不绝的牧师。当孩子把玩具扔得满屋都是又不整理时,妈妈会生气地说:"我和你说过几次,怎么还乱扔玩具?耳朵长哪里了?"

孩子说:"哦,我知道了。"

妈妈说:"每次说你,你就说'知道了',可是为什么不改一改呢?"

孩子说:"我已经在整理了。"

可是妈妈还在喋喋不休,不依不饶:"假如我不提醒你,你会收拾吗?你就是懒,非要我每次说你。"

孩子不高兴了,心想:我整理你也说我,我还不如不整理。然后扔下玩具,回到卧室反锁了房门,任由妈妈在身后唠叨。

凡事过犹不及,做任何事都要把握"度",教育孩子也是这个道理。如果一句话能让孩子明白一个道理,何必要说10句话呢?况且那些唠叨都是重复性的话语,多说无益,只会让孩子产生不耐烦的情绪,并把孩子推到和父母对抗的位置。所以,与孩子沟通时一定要避免超限效应,否则就可能陷入"孩子不听话,父母就唠叨——父母越唠叨,孩子越不听话"的怪圈中。

那么,父母怎样避免在与孩子沟通时出现超限效应呢?

1.下达指令要简单明了，切忌唠唠叨叨

妈妈经常觉得孩子做事拖拉，尽管自己三令五申，反复提醒和强调，可孩子还是不执行，甚至产生逆反心理，直至影响亲子关系。出现这种情况，很可能是妈妈与孩子沟通时过于唠叨。

比如，孩子看完绘本，随手一扔；玩完玩具，一脚踢开；放学到回家，把书包扔在沙发上。对于孩子的这些行为，妈妈很有意见："我都给你说了几遍了，看完书记得放回去，玩完玩具记得装进篮子里，书包要放到书房，你怎么就不长记性呢？"

孩子听到妈妈的这些话，会有什么反应？往往是没反应，因为孩子可能已经麻木了。这时妈妈又说："每次都要我跟在你屁股后面收拾，你是想累死我吗？"

可是孩子依然不理不睬。

最后，妈妈很无奈地说："我求求你了，下次别把家里搞得这么乱好不好？"

其实，妈妈完全可以简单明了地下指令："请把书放回书架。""请把玩具放回篮子里。""请把书包拿到书房。"而例子中的指令，完全不是指令，而是纯粹的个人情绪发泄，并没有表达清楚想让孩子做什么，只会激起孩子的逆反情绪。这就是简单明了地下达指令和唠叨的区别。

2.批评孩子要切中要害，拒绝长篇大论

当孩子做错事时，父母可以提醒或直接指出孩子的错误，但切忌长篇大论，说一些不着边际的话。又或者乱贴标签，甚至翻出孩子以往的错误。这样会使孩子原本内疚的心被不耐烦和逆反的情绪占据，甚至会产生"既然你认为我改不了，那我就没必要改了"的心理，然后依然我行我素。

其实，批评孩子只需就事论事，指出孩子的问题。要切中要害，说出关键点，以便孩子清楚怎么改正。比如，孩子做作业经常不检查，导致出现几处低级

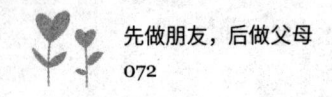

错误。对此，父母只需告诉孩子："做完作业检查一遍，可以帮你减少错误，养成这个习惯对你以后考试考出好成绩是很有帮助的，希望你重视起来，好不好？"相信孩子听了父母的话，会明白其中的道理，并在今后的学习中做出改变。

孩子不懂感恩——可能是你对他过于溺爱

现在很多家庭把孩子当成宝，有好吃的、好玩的，先让孩子吃个够、玩个够；没好吃的，宁愿自己挨饿，也不会苦了孩子。这看似是爱孩子，其实是在害孩子。因为在溺爱中长大的孩子往往会把父母所做的一切视为理所当然，不懂得何为孝道，何为感恩，这与白眼狼有何区别？

曾发生过这样一个故事：

胡奶奶经常带孙子去楼下的拉面馆吃牛肉拉面，每次吃面前，奶奶都会把自己碗里的牛肉夹给孙子。看着孙子大口吃肉的样子，胡奶奶似乎比自己吃肉还满足。

这天，胡奶奶又带孙子来吃牛肉拉面。与往日不同的是，今天胡奶奶没有当面把牛肉夹出来，而是在领餐处就把肉夹出来放到了孙子碗里，再将牛肉面端给孙子。

结果，孙子皱着眉头，盯着奶奶的碗，不满地说："奶奶，你今天怎么不把牛肉给我？"奶奶向孙子解释，孙子却不相信："你骗人！你肯定把牛肉吃了！"说着还气急败坏地拿起筷子使劲地在奶奶碗里找肉，结果把奶奶的面打翻在地。奶奶呵斥孙子几句，没想到孙子一气之下把自己的面也推翻在地，场面一度失控。

整个过程被牛肉店的老板和其他顾客看在眼里，现场一片唏嘘。

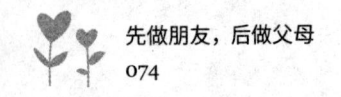

接着，奶奶哄着孩子别生气，说再给他买碗牛肉面，没想到店主却说："今天不想把牛肉面卖给你。"

第二天，孩子爸爸带着孩子来到牛肉面馆，买了三碗面，把所有的肉都夹到孩子碗里。然后特意把店主叫过来，警告他说："昨天你为什么不肯卖面给我妈？我妈没给你钱吗？现在我们还不想吃你的牛肉面了！"

说完就冲桌子上吐了一口痰，甩下三碗牛肉面钱，带着儿子扬长而去。

店主本想通过不卖面给胡奶奶，以告诫她不能溺爱孩子，没想到却招来侮辱，气得半天说不出话来。

家长们，当你抱怨别人家孩子懂事孝顺，不理解自家孩子为何自私霸道时，是否想过问题出在哪里？孩子的孝顺懂事和自私霸道，与父母的教养方式密不可分。孩子没有感恩之心，往往是家长过度宠溺造成的。当家长习惯于把一切都奉献给孩子时，孩子就会习惯于索取一切，而不知道什么叫感恩。所以，从某种意义上可以说是家长剥夺了孩子学习感恩的机会。

一位网友在论坛里这样写道：

一年中秋回老家，婆婆非常开心，几天假期忙个不停，每天给大家做一大桌子菜。一家人其乐融融。只是让大家感到尴尬的是，每次吃饭时，8岁的小侄女总是嘟囔着，抱怨菜太难吃。这时婆婆总是一脸无奈和歉意，讨好地问她："小宝贝，你想吃什么？奶奶去给你做。"

可是小侄女好像没听见似的，依然一个劲儿地嘟囔："菜真难吃，饭也难吃……"

再看哥哥和嫂子，对小侄女的行为也没有任何阻拦。不过，这一点儿也不奇怪，因为他们自己平时也是这么说话的，动不动就抱怨饭菜难吃。婆婆的辛苦得不到一句理解，心里是啥滋味呢？稍微换位思考一下就能懂。

有什么样的父母，往往就有什么样的孩子。父母不懂感恩，就相当于给孩子做不好的示范。如果父母再过于宠爱孩子，那么孩子就更不懂得感恩了。一个不懂感恩的人，是不会体会别人的辛苦和不易的，将来也很难与人相处。

每个家长都希望孩子心中充满爱，而感恩是爱的最高表现形式。每一次感恩都是在感受世界的善意，同时向世界发出爱。懂得感恩的孩子，眼光才会专注于生活中美好的事物，眼里的世界才会变成一个充满爱的天堂。

常怀感恩之心的孩子，会更健康、更幸福，因为感恩本身就是一种能够给人带来健康和幸福的正能量。美国加利福尼亚大学的心理学家罗伯特·爱蒙斯，通过对"感恩心理"的长期研究发现：常怀感恩之心能使神经系统趋向平静、使身心达到和谐状态，从而增强人体免疫力。

怎样才能让孩子拥有感恩之心呢？父母可以从以下几个方面努力：

1.要多鼓励孩子做家务

很多家长不管大小事都要替孩子做，例如，帮孩子收拾书包、整理床单、收拾玩具，甚至帮孩子挤牙膏、穿衣服等。这样其实是在剥夺孩子劳动和独立的机会，也是在剥夺孩子体验父母辛苦的机会。长此以往，孩子不懂得生活来之不易，自然就不懂得感恩父母了。

在此建议家长们，一定要引导并鼓励孩子做家务，做家务对孩子的好处是你想象不到的，在文章《做家务和不做家务的孩子，差的不只是未来！》中提到：爱干家务的孩子，长大后离婚率低，心理疾病患病率也低。更重要的是，孩子作为家庭一员参与到家务中来，可以培养其家庭责任感，当他对家庭有付出、有责任时，自然就会产生爱和感恩。

2.教孩子表达感激之情

在日常的待人接物中，父母可以教孩子通过以下的话语表达感激之情。比如：

"妈妈，你今天做的菜真好吃，辛苦了！"

"谢谢爸爸送的生日礼物，我好幸福啊！"

"谢谢你的祝福，我真的好开心！"

"谢谢你的帮助，有你真好。"

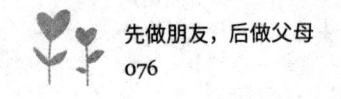

"谢谢你的关心。"

当然，父母也要跟家人说"谢谢"，尤其当孩子表达爱、帮了忙的时候，要记得对孩子说："谢谢你，宝贝！""你的关心让我感到好幸福。"当孩子养成了表达感激之情的习惯后，他就会随时随地地发现生活中的美好，自然而然感到幸福。

除了嘴上表达感激之情，父母还可以教孩子用行动表达感激，如制作感谢卡，制作手工，购买礼物，然后送给要感谢的人，或者向对方报以微笑、赞许的目光等，都可以表达内心的感激之情。总之，要让孩子养成表达感激的习惯，这是一种礼貌，也是一种教养，更是与人愉快相处的秘诀。

3.带孩子参加爱心活动

培养孩子的感恩之心，不只是让孩子学会感激家人，还应带孩子走出家门，走向社会，去帮助更多需要帮助的人，以培养孩子博爱的胸怀。心理学家达纳·克里萨宁曾说："在最基本的层面上，教会孩子们感恩的一种方法是，在避难所、孤儿院、疗养院里做志愿者，让孩子和你一起工作。"当孩子体验到别人对基本生活必需品的感激之情时，他们更容易意识到感激的重要性。因此，家长可以带孩子去社区做公益活动，去照顾孤寡老人，去山区做公益事业。还可以把旧衣服、玩具、书包等收集起来，捐给穷困地区的小朋友，这些都是培养孩子感恩之心的好办法。

第4章
被父母信任的孩子,内心有多强大

生活中,为什么有些孩子开朗、自信?而有些孩子内向、自卑?除了受性格影响,还与家庭教育有很大关系。在被信任的环境中长大的孩子,浑身上下会充满自信的力量;而在缺乏信任的环境中长大的孩子,可能会胆小怕事,做事畏首畏尾。

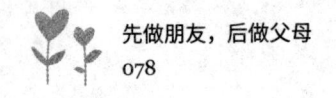

不被信任的孩子，心里容易受伤

石家庄曾发生过这样一件让人心痛不已的事情。

一个12岁的女孩与一位女士骑车并行，突然女士倒向女孩这边。看到女士摔倒，女孩赶紧下车和路人一起把对方扶起来，见对方没有受伤，便离开了。

没想到几天后，摔倒的女士家属找上门来，一口咬定是女孩撞倒了自己家人，要求女孩家人支付医药费。

女孩吓坏了，赶紧强调不是自己撞的，可是妈妈并不相信她。在妈妈看来，女儿平时行事有些鲁莽，因此她认为女儿一定是做错了事不敢承认，于是当着众人的面动手打了女儿。

女孩被冤枉，闷闷不乐，几天吃不好、睡不好。妈妈这才意识到可能是自己错怪了女儿，于是想到报警让警察来调查真相。当警察查看现场视频时，清晰地发现：女孩的自行车根本没有碰到那位女士，她只是好心把那位摔倒的女士扶了起来。事情至此，真相大白。

做好事没有得到表扬也就算了，还不被妈妈信任，女孩的心里该有多难受啊？那么，不被信任到底是怎样的一种体验呢？有人说："不被父母信任时，非常生气却又无可奈何，明明是最亲的人，却让我感到心凉。"久而久之，孩子对生活、对学习、对父母的热情就会慢慢被浇灭，直至最后失去应有的活力和天真。

有个孩子上六年级了，写作文成了他学习上的大难题，老师说他作文里写的都是流水话，缺乏生动性。比如他在作文里这样写道："今天爸爸妈妈带我去外面吃饭，吃完饭，我们就回家了。"而关于"吃饭时的心情怎么样""饭菜好不好吃"之类的细节，完全没有表达出来。

对此，妈妈耐心地引导孩子："饭店的环境怎么样？你的心情怎么样？饭菜有没有特色？这些都可以写出来……"孩子听后一脸茫然，好像没听到一样。

这样几次之后，妈妈就不耐烦了，责问孩子："你难道没有主观感受吗？"

没想到孩子冷冷地说："我当然有感受，可是你不相信啊！"

"你说什么？我怎么不相信了？"妈妈感到很吃惊。

"那天吃早餐，我吃了8个饺子，还喝了一碗粥，可是你坚持让我再吃两个饺子。我说吃饱了，你不相信，说才吃那么点儿，哪里饱了？我有没有吃饱，自己难道不知道吗？"

"还有，我出门前穿好了衣服，可是你追到门口，非要给我加一件马夹，我说不冷，你偏不信？难道我自己不知道冷热吗？"

"我有自己的感受，但你不相信，总是让我按你的想法来，所以我的感受根本不重要。"

听到孩子说的这些话，妈妈顿时语塞。她以为自己这样做是在爱孩子，却不知道在孩子眼中是一种控制和伤害。

不被信任的孩子，心里容易受伤。不被信任意味着不被接纳，意味着被否定，这对孩子无疑是一种打击。长期从事犯罪心理和青少年心理问题研究的李玫瑾教授曾说："孩子不和父母说实话的原因，很大一部分来自于父母不信任孩子。"不被信任的孩子，一生都在寻求肯定，一生都会带着伤痛，他们的世界将会失去色彩，他们的生命将会失去活力。

为人父母者要明白，爱的最好证明就是信任，信任才是给孩子最好的爱。给孩子足够的信任，孩子便会用更好的表现回馈父母。好的教养，是从爱与信任开始的。为此，父母有必要做到三点：

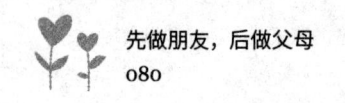

1. 学会倾听，并相信孩子的话

信任孩子始于倾听孩子的心声，只有先倾听，才能明白孩子的想法和感受，才能读懂孩子的内心世界。如果父母不懂得倾听，孩子就会关上心门，不再向父母倾诉。当他们遇到困难时，宁可选择自己扛着，也不肯说出来。

曾经看到这样一个新闻：一个6岁女孩在父母打工的工地上玩，不小心被一枚飞来的钉子扎到了胸膛。为了不被父母责骂，小女孩强忍着痛苦，直到疼得受不了时，才告诉父母。后来她被送去医院检查时，医生发现钉子扎入的位置离肺部只有不到2厘米。如果她再晚一点儿被送到医院，后果将不堪设想。

为什么小女孩宁愿自己忍着痛苦，也不在第一时间向父母说出实情呢？显然，这与她以往缺少安全感，缺少父母的信任和肯定，有很大关系。反之，如果父母注重倾听孩子的心声，给予孩子足够的信任，那么孩子遇事时就会及时跟父母沟通，这样可以避免很多危险。

有个女孩跟父亲说放晚自习回来的路上有鬼，她不敢一个人回家。父亲没有怀疑"有鬼"的事，而是选择"宁可信其有"，并引导女儿描述"鬼"的样子。第二天晚上，父亲选择在女儿下晚自习的时候，暗中保护女儿。结果，他发现有个中年男子尾随女儿，便果断报了警。

这位父亲用信任保护了女儿，避免了一场悲剧。信任孩子是对孩子的在乎，更是做父母应有的智慧。哪怕孩子的话有些奇怪，父母也应该信其有，并尝试着了解真相，而不能想当然地质疑、否定、忽视。

2. 给予孩子成长空间，让他做自己

在日常生活中，信任孩子意味着相信孩子能行，意味着敢于放手让孩子做自己。也就是说父母要减少控制欲，给孩子自由成长的空间。这样孩子往往会更优秀，更容易成长起来。

王女士的儿子上高一，他是个典型的三好学生。他不仅成绩好，篮球打得好，人缘也很好。但是老师看到他整天一副"吊儿郎当"的样子，非常焦虑。因为老师认为他是上清华、北大的好苗子，如果学习态度不端正，将会与清华、北大失之交臂。

但是王女士不以为然，她认为既然儿子轻轻松松就能名列前茅，就没必要非得一本正经地学习。她和丈夫相信儿子能管好自己，所以整个高中阶段，他们给了儿子充分的自由。上课的时候好好学习，放学后完成了作业，他便尽情地做自己喜欢做的事情。

读高三的时候，别的同学紧张到吃饭时间都恨不得看书，可他每天至少要打一个小时的篮球，留出一定的活动时间。而且，王女士的儿子还"不务正业"，做起了手工模型，没想到有些模型居然还获得了国家专利。

被父母信任的孩子是幸运的，他们可以做一个内心轻松的人，可以按照自己的节奏生活，甚至可以"任性"一点儿。这样的孩子，才能最大限度开发自身潜能，获得内心的丰盈。作为父母，信任孩子也是解放自我的一种方式，那种"我相信你能管好自己"的自信，正是孩子用好的表现回馈来的。所以，学会对孩子放手吧，学会鼓励孩子吧，让孩子做自己喜欢的事，孩子将会在兴趣的熏陶中变得更加独立和自信。

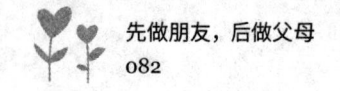

相信孩子能做好，他可以做得更好

一个被称为泰国版《阿甘正传》的公益短片是这样的：

有个男孩特别喜欢踢足球，妈妈给他报了一个足球训练班，每天陪他去练球，并认真旁观。一天训练结束后，教练和男孩的妈妈聊起男孩的表现，教练说："尽管孩子决心满满，但因为基础差，他的头球技术很差。"

听了教练的话，男孩的妈妈显得有些沮丧，但她没有把负面情绪传递给孩子。吃过晚饭，她对男孩说："今天教练告诉我，你练习很努力。在此之前，你头球技术很差，不过妈妈相信只要你努力，头球技术一定能提高。"

听了妈妈的话，男孩受到了鼓舞，当即跑到院子里练习头球。就这样，日复一日，他的头球技术突飞猛进。

终于，在一次比赛中，男孩凭借一个出色的头球，让原本落后的比赛实现了翻盘。那一刻，他体会到了成功的滋味。

当孩子被信任时，他会觉得无比踏实，并愿意付出努力朝目标前进。正如英国教育家斯宾塞说的那样："当孩子感到被爱、被信任时，奇迹不久就会出现在你眼前。"

心理学上有个著名的"皮格马利翁效应"，也叫期望效应，说的就是热切的期望和赞美能够使人创造奇迹：期望者通过一种强烈的心理暗示，能够使被期望者的行为达到他的预期。可见，家长相信孩子能做好，对孩子充满欣赏、肯定和鼓励，孩子往往会用更好的表现回报家长的信任。

那么，怎样向孩子表达信任，才能让孩子感受到正向激励呢？

1.当孩子自卑、沮丧时，给孩子鼓励和信任

作为孩子最亲的人，父母的评价对孩子影响巨大。当孩子犹豫不决、怯懦胆小、畏首畏尾时，父母的肯定和信任对孩子而言，就如同干涸的土地受到了雨水的浸润。比如，"放手去做吧，我相信你能行。""你一直都很棒，要相信自己。"这些话会给孩子注入一剂强心针，瞬间燃起孩子的勇气和动力。特别是当孩子因遇到困难、遭遇挫折而变得灰心丧气时，父母的肯定和信任更是孩子前进的动力。父母经常肯定、信任孩子，孩子一定会越来越自信，越来越勇敢，越来越有魄力。

2.当孩子取得成功时，要及时予以表扬

事前的鼓励和肯定能够激励孩子，事后的表扬和赞许同样能够激励孩子。特别是当孩子经过一番努力，克服了重重困难，终于做成某件事时，家长的表扬往往可以对孩子起到难以置信的力量。无论是一两句表扬的话语，还是一个甜美的微笑，或是一个赞许的眼神，在孩了眼里都是珍贵的奖赏，会让孩子感到欢欣鼓舞，能够强化孩子的意志，增强孩子的自信。

3.当孩子失败时，记得肯定孩子的努力

作为父母，当看到孩子成功时，固然欣喜自豪，而看到孩子失败时，难免有些失望。其实，成败乃是兵家常事，父母要淡然视之，这样孩子才会坦然接受。因此，明智的做法是，当孩子失败时，要肯定孩子的勤奋和努力，给予孩子最热情的支持和鼓励。

父母不能因为孩子不够聪明而气馁，而应该为孩子不够努力而担心。在平时，应该有意淡化孩子的"聪明"，而重视孩子的努力，并把这种理念传递给孩子，让孩子明白：努力比聪明更重要。

4.用"留白"的方式锻炼孩子的独立性

在日常生活中，有些父母出于对孩子的宠爱，习惯于把孩子应该做的事情做

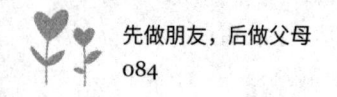

了。比如，替孩子整理书包、收拾房间，替孩子去学校值日搞卫生，替孩子检查作业，等等。这样看似是爱孩子，其实是在剥夺孩子接受锻炼的机会。

聪明的父母应该懂得用"留白"的方式给孩子锻炼的机会，把孩子应该做的事情交给孩子，鼓励孩子去完成。比如，鼓励孩子管理自己的学习和生活，收拾、布置自己的房间，完成作业并自觉检查。一开始孩子往往做得不好，没关系，父母不要批评孩子，而要多鼓励，多指导，教孩子掌握做事的方式、方法。这样孩子的独立性、动手能力和意志力就会得到锻炼，孩子的自信心也会越来越强。

放手，孩子比你想象的更能干

不知大家是否发现这样一种现象：

有些父母总是怕孩子吃苦受累，不愿意放手让孩子去做他们力所能及的事。可是当他们看到别人家孩子独立、自信，做事能力很出色时，又忍不住拿自己孩子和别人家孩子比较，抱怨自己家的孩子不如别人家的孩子。

其实原因不在孩子身上，而在父母身上。著名教育家陈鹤琴先生曾提出："凡是孩子自己能做的，应该让他自己去做；凡是孩子自己能够想的，应该让他自己想。"其实，只要父母愿意放开手，鼓励孩子去做他们该做的事，就会惊奇地发现孩子的潜力是无穷的。

美国康涅狄格州的一位老师给孩子们布置了一项作业——制造出冬季的景色，并将其拍下来。孩子们纷纷找父母帮忙，约翰也不例外。可是妈妈却告诉他："我觉得你可以自由发挥自己的想象，我相信你能制造出最美的冬季景色。"

约翰苦思冥想，突然灵机一动，想到了妈妈的面霜。他立刻欣喜若狂，叫来小伙伴帮忙，把妈妈的面霜抹在墙壁上。这一幕恰好被妈妈看到，妈妈没有斥责约翰，而是反问道："你为什么要这样做呢？"

约翰天真地笑着说："我把墙壁抹上白色的面霜，是想把你的卧室变成冬天下雪的样子。"妈妈认真看了看说道："你还别说，我的卧室真的像下过雪一样，四处都是白色的。"然后妈妈夸奖了约翰，并教他用相机拍下来，再通过网

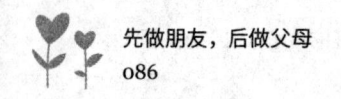

络传给老师。后来，这组作品受到了老师的高度赞扬。

这件事给约翰留下了深刻的印象，后来，他渐渐对摄影产生了兴趣。多年以后，他成为了一名专业摄影家。当被问到为何会选择这条路时，他说："如果不是母亲当年那次放手让我自由发挥，也许我不会有今天的成就。"

放手意味着信任孩子，这是对孩子的一种间接肯定，能让孩子获得信心和勇气。放手意味着给孩子自由，这是对孩子的一种鼓励，能让孩子不受约束、自由想象。当父母放手让孩子去做一件事时，会惊奇地发现：其实孩子比想象的更能干。

某学校举办庆元旦文艺汇演活动，邀请学生家长参加。活动那天，当家长们走进大堂时，迎面走来两个穿着红马夹的孩子，他们主动为家长指引电梯方向，告诉家长们活动地点及所在楼层。还有几个小迎宾带领家长们来到会场，引领他们坐在指定的位置。整个会场穿梭着红色小马夹的身影，他们稚嫩的脸上透露着自信和大方，俨然一帮小大人。

文艺汇演开始后，家长们惊喜地发现主持人是三个孩子。面对台下400多人，他们镇定自若，没有丝毫的胆怯。他们有条不紊地介绍活动流程，自信地把控着整个文艺汇演的节奏。这不由地让很多家长感动，两位家长小声地议论着：

"孩子们真棒。"

"是啊，比我们想象的更能干。"

看到这群小朋友的表现，你是否会不由自主地联想到自己的孩子？假如你让自己的孩子登台主持，或在会场组织、接待、迎宾，他是否能表现得自信大方，彬彬有礼呢？其实，你家孩子也可以这么能干，关键是你要敢于放手，给他锻炼的机会，鼓励他自由地探索、勇敢地闯荡。

那么，父母应该怎样放手，孩子才会比想象的更能干呢？以下有几点建议：

1.给孩子空间，让他自己往前走

有个孩子已经上幼儿园大班了，但每天父母还要费力地背着他去幼儿园，直到离幼儿园还有30多米的拐角处，父母才不情愿地把他放下来，因为怕被老师看见……孩子被父母这般呵护着，其独立性、自主性又从何谈起？将来又如何立足于社会？

每个孩子都希望生活在父母的怀抱里，被父母宠爱着、呵护着，但是不能永远这样，有些路必须要自己走。因此，父母要给孩子空间，让他自己往前走。比如，根据孩子的身体条件和能力，给孩子更多尝试的机会，鼓励孩子自己背书包、走路去学校。

2.给孩子条件，让他自己去锻炼

自信强大的孩子是锻炼出来的，而不是娇宠出来的。父母应该遵照客观规律，积极创造条件，让孩子自己去锻炼。

一位学者在美国留学访问时遇到过这样一件事：一个周末，他在家看电视，突然有人敲门。他打开门一看，发现对方是一个八九岁的小女孩。

女孩大方地问："先生，请问您家需要保姆吗？我是来求职的。"

学者感到奇怪："你这么小，为什么要求职呢？"

女孩解释道："我已经9岁了，而且我有11个月的工作经验，请看这是我的工作记录单。我可以帮您照顾孩子，辅导您孩子完成作业，陪他游戏……"

见学者没有聘用她的意思，女孩又说："如果你不相信我有这个能力，可以试用我一个月，不收工钱。只要你在我的工作记录单上签字就可以，因为这个记录单有利于我将来找工作。"

最后学者解释说："真的抱歉，我还没有孩子呢！所以我暂时不需要保姆，不过你可以留下联系方式，将来如果我有需要或我身边的朋友需要，我会给你打电话的。"

多么了不起的孩子，小小年纪就敢走出家门闯天下，接受现实生活的锻炼。虽然这样有些辛苦，但孩子可以获得满满的成就感，身心和意志力也可以得到锻炼，而且更懂得珍惜美好生活。因此，赶紧给孩子创造条件，让他自己去锻炼吧！

3.给孩子困难，让他自己去解决

俗话说得好："穷人家的孩子早当家。"从小生活在穷困的环境中，自然而然要设法战胜困难。有些时候，家长不必刻意让孩子避开一些困难，反而应该让他们勇敢地去面对困难，并想办法解决困难。在这个过程中，孩子解决问题的能力无形中就能得到提高。

4.给孩子权利，让他自己去选择

生活就是一个不断选择的过程，将来孩子报考什么学校，读什么专业，以及走上社会找什么样的工作，结交什么样的朋友等，都考验着孩子的选择能力。因此，父母要相信孩子，敢于给孩子权利，让孩子有机会自己做选择。这样不仅可以培养孩子的决策能力，还可以让孩子学会对自己的选择负责。

尊重孩子的隐私权，不要偷看日记、偷听电话等

一天下午，晶晶放学回到家，先向妈妈问了声好，然后回到自己房间准备做作业。当晶晶拉开书桌的抽屉时，顿时惊呆了。因为她发现自己的日记本、同学送的生日礼物、贺卡等都凌乱地躺在抽屉里。

晶晶非常生气，来到客厅质问妈妈："妈妈，你是不是翻我抽屉了？为什么要翻我抽屉呢？"

见女儿生气了，妈妈也来气了："怎么了？我是你妈，看看女儿的东西不行吗？"

"你可以看，但必须先经过我的同意才行。"晶晶毫不示弱。

"小孩子家的，有什么东西不能看？大惊小怪的。好了，赶快写作业吧。"妈妈轻描淡写地说，丝毫不在乎晶晶的感受。

在我们身边，像晶晶妈妈这样不尊重孩子隐私权的家长大有人在，他们不知道，孩子随着年龄的增长和独立性的增强，开始有懵懂的情愫，有不愿意向父母倾诉的情绪，这就是他们所谓的"秘密"。他们喜欢把秘密记在本子上，或记在网络日志里，或者通过电话、网络聊天工具向同学、朋友倾诉。如果父母翻看孩子日记、网络日志，或偷听孩子电话，孩子会非常反感。

儿童心理学家认为，父母偷看孩子日记、偷听孩子电话这些行为，其实是对孩子关心不够、缺乏信任的表现，很容易让孩子对父母产生不满情绪，使双方产生

沟通障碍。父母应该尊重孩子的隐私权，不轻易翻开孩子的抽屉，因为它是用来珍藏孩子"秘密"的。如果强行打开，孩子的心灵大门从此就可能对父母上锁。

那么，父母究竟为什么要偷看孩子的日记、偷听孩子的电话呢？仅仅是因为好奇吗？其实不然。

父母之所以偷看孩子的日记、偷听孩子的电话，一方面是想了解孩子的思想动态，更好地关心孩子。特别是当孩子进入青春期后，和父母交流日渐减少，更促使父母通过翻看孩子日记、偷听孩子电话的方式来了解孩子。不少家长表示，现在的社会太乱，孩子社会经验不足，辨别是非的能力差，他们担心孩子抵制不了外界的诱惑，或交了不该交的朋友。而孩子平时不怎么和他们说心里话，他们便无从了解孩子，只能通过翻看日记、偷听电话的方式来了解孩子的情况。

另一方面，父母觉得孩子年纪还小，没有什么隐私可言，即便有隐私，自己作为家长也有权了解。正因为如此，当孩子斥责父母不该翻看自己的日记、偷听自己的电话时，他们才会那么理直气壮，不能意识到自己的过错。

事实上，父母虽有管教孩子的义务，但也要尊重孩子的隐私权，这是家长应当保持的底线。孩子虽小，也有隐私，也有被尊重的权利。父母不仅应该像尊重成人的隐私权一样尊重孩子的隐私权，还应该有意识地保护孩子的隐私，这样才能得到孩子的信任和好感。

随着孩子渐渐长大，他们有了独立的想法，很多事情喜欢自己做决定。他们开始有了自己的心事，也希望按自己的喜好结交朋友，他们不再像以往那样什么事情都告诉父母。对此，父母应充分理解、支持、接纳孩子的变化，相信孩子能够做好，能够处理好自己的事情。

与此同时，父母也要默默关注孩子的一言一行，即使想了解孩子的所思所想，也不能急于求成，而要有足够的耐心，用恰当的方式、方法和孩子交流互动。只有在取得孩子的信任后，父母才有机会一步步走进孩子的内心世界。

那么，在尊重孩子隐私权的基础上，父母怎样才能走进孩子的内心世界呢？

1. 给孩子独立空间，让孩子感到安全

伴随着孩子慢慢长大，他们会有自己的想法、自己的秘密，他们会不断追求精神的独立。这时父母应该设法给孩子创造独立空间，让孩子觉得在那里是安全的。条件允许的家庭，可以给孩子安排一个独立房间，让孩子拥有真正属于自己的独立空间。父母在进入这个房间之前，应礼貌地敲门，得到允许后才能进去。进入后，不要带着好奇的眼光四处搜寻孩子的物品，不要随意翻看孩子的日记、信件等，要让孩子感到自己的"隐私"是安全的。

2.像朋友一样聊天，取得孩子的信任

莹莹从小学四年级开始就养成了写日记的习惯。一天，她在房间写日记，妈妈敲门说："莹莹，妈妈可以进去吗？"

"请进！"莹莹一边回应，一边合上日记本。

妈妈是进来送水果的，见女儿这个举动，笑着说："又在写日记啊？"

"是啊，我的日记你可不能偷看哦！"莹莹笑呵呵地提醒妈妈。

"妈妈当然不会偷看你的日记，因为妈妈小时候和你一样爱写日记，而且为了不让你外公外婆偷看，妈妈还会把日记本锁在抽屉里。"妈妈一本正经地说道。

"那外公外婆偷看过你的日记吗？"莹莹好奇地问妈妈。

"没有，他们看我把抽屉锁上了，知道我不希望别人看抽屉里的东西，也就不看了。想想那时候挺好玩的，一把小锁就把自己的秘密和快乐锁住了。"妈妈笑着对莹莹说。

"我的日记里也有好多秘密和快乐。"莹莹坦诚地说。

"我知道，其实妈妈希望你能和我分享快乐和烦恼，不过妈妈尊重你，不会偷看你的日记。"妈妈认真地说。

"既然妈妈这么说，我倒是觉得和你分享我的日记也没什么。"

就这样，莹莹翻开日记，跟妈妈讲起了其中的趣事和烦恼。

在这个案例中，妈妈像和朋友聊天一样，充分表达了对女儿隐私的尊重，赢得了女儿的信任。这种通过"合法"手段了解孩子隐私的做法，比偷偷窥探孩子

的隐私好得多。可见，想了解孩子的秘密，必须先尊重孩子的隐私和意愿。如果你取得了孩子的信任，孩子对你还有什么可隐瞒的呢？

3.尊重孩子的隐私，替孩子保守秘密

如果有一天，你取得了孩子的信任，孩子向你敞开了心扉，和你分享他的秘密，并嘱咐你：不准告诉别人哟。你会怎么做呢？你会信守承诺，还是把孩子的秘密当作一个笑谈传播出去呢？

一天，10岁的阿勇偷偷告诉爸爸："爸爸，今天我对同桌小涵说'我喜欢你'，小涵亲了我一下！"爸爸笑了起来，阿勇又补充说："爸爸，这事我只对你一个人说，你可别告诉别人哦。"爸爸虽然满口答应了，但当天晚上就把这件事告诉了阿勇的妈妈。妈妈觉得阿勇很有魅力，又在聊天中把这件事告诉了左邻右舍。

渐渐地，左邻右舍都知道了阿勇的这个秘密。有些叔叔阿姨见了阿勇，就开玩笑似地说："阿勇，看不出来啊，你还挺有桃花运啊，小小年纪就有女孩亲你！"阿勇一听，知道是爸爸泄露了秘密，回家后对爸爸发起了脾气，并发誓说："我再也不会告诉你我的事情了。"

身为父母，不妨换位思考一下：谁愿意自己的秘密被最信任的人传播出去呢？孩子最信任父母，父母千万不能辜负孩子的信任。当有一天孩子对你说"这个秘密只告诉你"时，请一定要守信用，替孩子保守秘密，这是尊重孩子隐私权的表现，也是继续被孩子信任的前提。作为父母的另一方，即使无意中从一方口中得知了孩子的秘密，也应该假装不知情，这样才不会让孩子觉得隐私被侵犯。

换个角度看问题，孩子的缺点可能是优点

在日常家庭教育中，父母常用"就知道调皮捣蛋，你能不能像××一样懂事一点儿"来教育调皮捣蛋、不懂事的孩子；常用"就知道玩，现在最重要的是学习，你能不能像××一样成绩优异"来教育玩性大、成绩差的孩子。在他们眼里，调皮捣蛋、玩儿是缺点，却没意识到这些"缺点"从某种角度看，可能也是优点。

比如，调皮捣蛋的孩子往往不听话，大人说往东，他们偏往西，还动不动就搞恶作剧，经常把家里弄得一团糟，几乎没有哪个家长不讨厌、不生气，不对此感到烦恼的。但换个角度看，孩子调皮捣蛋也是优点，说明孩子思维活跃、点子多、动手能力强、敢想敢做。无数事实证明，小时候调皮捣蛋的孩子，长大后往往更有出息。因为在捣蛋的过程中，往往伴有冒险精神和独立意识的训练。所以，只要父母用正确的眼光看待孩子的缺点，并对缺点稍加引导，孩子的缺点也可以成为优点。

韩女士为儿子迷恋足球、荒废学习的事情而苦恼，特地向从事儿童教育事业的朋友吴先生求助。她说儿子15岁了，整天不是和同学踢足球，就是在电脑上看足球比赛，还写足球评论，甚至发表到国内知名足球专业论坛上去了，但他对于学校的各门功课却毫无兴趣，甚至连作业都不愿意写。为此，韩女士绞尽脑汁，软硬兼施，可除了导致母子关系越来越紧张之外，没有任何作用。

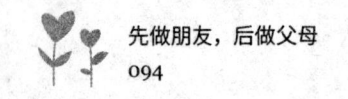

朋友吴先生建议韩女士换个角度看待儿子沉迷足球的"缺点",从而把它变成优点。比如,可以这样考虑:孩子经常踢足球可以强身健体。这不,韩女士儿子身体健壮、身材比同龄孩子高大;他写足球评论可以锻炼写作能力,的确,韩女士的儿子总成绩虽然不好,但作文写得很好。发现孩子缺点背后隐藏的优点后,韩女士对待儿子的态度也变了。

这天,韩女士找到儿子已经发表的足球评论,当着全家人的面大加赞赏:"儿子,你小小年纪竟然有如此深刻的观察力和评论能力,这是妈妈没想到的。妈妈更没想到,你在写作上有如此天分。"她发现儿子听了这话后,表情有些不自然。

后来,韩女士还多次和丈夫抽时间观看儿子的足球比赛,并在场边赞扬儿子,为儿子加油呐喊,俨然成为儿子的粉丝。他们还当众夸奖儿子的写作水平,慢慢地,亲子关系越来越融洽。这天韩女士对儿子说:"你是个有写作天赋的孩子,你的文章也很有思想,其实你还可以写其他的文章,比如……"不久以后奇迹发生了——儿子居然开始主动搜寻资料、查阅典籍、挑灯夜读、专心写作了。

再后来,韩女士丈夫对儿子说:"你是有责任感的男子汉,你将来肯定可以干出一番事业,希望你在踢足球、写足球评论的同时,也要重视功课的学习。"

最后,正如韩女士和丈夫所想,儿子开始回到正常的成长轨道,并且他的学习成绩稳步提升,他也成为了一个自信、优秀的孩子。当然,他对足球的兴趣也没有放弃。

很多时候,一个人的优点和缺点并不是绝对的,缺点往往也有好的一面,缺点里面也有可利用的优点,只要父母懂得欣赏,善于引导,假以时日,就能让孩子将缺点中的优点释放出来,最终把缺点变成优点,让优势战胜劣势。

那么,怎么才能把孩子的缺点变成优点呢?

方法1:因势利导

小强是个话痨,平时话比较多,走到哪里都叽叽喳喳,讲什么都是眉飞色舞的。上课的时候，老师讲课，他动不动就插嘴，抢着发言；下课了也是滔滔不绝，和同学说个不停，让老师和父母非常头疼。

一天，父母抱怨小强的这些缺点，小强的表姐恰好在场，她提出了不同的看法："话痨说明他敢于表达、信心十足，讲什么都眉飞色舞、滔滔不绝，说明他表达能力强，不打怵、不卡壳儿，这是好事儿啊，干吗要他改？"

表姐的话可谓一语点醒梦中人，让小强父母猛然意识到之前教育思路的偏差。从那以后，父母不再批评小强话多，而是肯定他、赞扬他，并因势利导，鼓励小强训练自己的演讲能力，学习基本的讲话礼仪。后来，小强居然成了学校的播音员和文艺汇演的小主持人。

可见，只要对孩子的缺点加以正确引导，孩子的缺点也能变成优点，甚至成为孩子的闪光点。

方法2：对症下药

针对孩子的"缺点"，用相应的策略加以教育，孩子的缺点也可以变成优点。比如，孩子喜欢拉帮结派，喜欢当领头羊，喜欢出风头。这看似是一种缺点，但从另一个角度来讲，这似乎也是一件好事。比如，班里哪位同学被欺负了，孩子可能会带头站出来替这位同学讨说法，甚至号召其他同学一起帮忙。

另外，从本质上来看，孩子喜欢当领头羊，说明他有组织和管理能力；喜欢替同学讨公道，说明他有正义感，做事公正。这些行为很容易得到同学们的支持，从而给自己树立威信，提升在班级中的影响力。这类孩子往往人际关系很好，而且有胆识、有魄力，人格魅力强大。

方法3：直接交流

对于孩子的缺点，父母若想让孩子看到其中好的一面，以强化孩子的自信，可以采取直接交流的方式，对孩子缺点中的优势加以肯定和赞扬，以此激励孩子。比如，父母可以对孩子说："虽然你上课不专心，但这也说明你发散思维能力很强，如果你把这种思维运用到解决数学题目中来，那你会有很出色的表现。""你虽然上课喜欢交头接耳，但这也说明你喜欢交际，看得出来你将来可

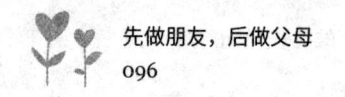

能适合从事与人打交道的工作，比如，做外交官、推销员等。"

方法4：有效见证

苏联教育家赞可夫曾说过："把每个孩子都理解为他是一个有个性特点，有自己志向，有自己智慧和性格结构的人时，才有助于去教育孩子、热爱孩子。"依据这句名言我们来分析一个例子：

有个男生上学经常迟到，而且上课还喜欢搞恶作剧。他的成绩和表现让老师极为恼火，但他爱画画，尤其是漫画画得很棒。班主任于是找他谈心，希望他负责每周的黑板报和学习园地。

一段时间后，老师暗中做了一个问卷调查——要求每个学生用一句话评价该学生。结果，很多学生都这样评价他："他很棒，我很喜欢他出的黑板报风格"。当班主任把这个问卷调查结果拿给那个男生看时，他感动地流下了眼泪。

后来，学校里的很多老师也说他们班的黑板报办得很出色。这极大地激发了这个男生的斗志。期末考试中，他的成绩有了飞跃式的进步，他也因此获得了"学习进步奖"。

父母是孩子的第一任老师，在纠正孩子缺点的时候，可以借鉴这位班主任的做法，赋予孩子责任，并给予孩子充分的信任，相信孩子会用实际行动证明自己，以回馈父母的信任与厚爱。

信任孩子，体现的是父母的眼界和格局

被父母冤枉是怎样的一种感受？

有一位家长说起了他小时候的经历。有一次父亲发现篮子里的最后一个苹果不见了，于是坚称是他偷吃的。他憋红了脸，连连摇头，说没有，可是父亲不听、不信。他说至今都记得那种憋屈和怎么挣扎都没用的无力感。当然，还有比这更让人感到无力的。我们来看下面的一个例子。

印度宝莱坞演员、导演阿米尔·汗在他的《真相访谈》中，采访过这样一个男士。该男士童年曾遭遇过性侵，这种伤害一直持续到他的青春期。

在他终于鼓足勇气向妈妈求助时，却找不到合适的词语描述实情。后来，他好不容易说出整件事的来龙去脉，妈妈却无情地否认："这件事是不可能发生的。"

性侵者得知男孩父母不相信这件事情，又回来威胁男孩："看吧，没人相信你！"并再次恐吓他："如果你再告诉别人，我就杀了你。"

他继续向妈妈求助，说："我下面流血了。"妈妈却说："那是因为你吃多了芒果上火了。"

若干年后，受害的男孩长大了，妈妈才相信儿子当年的遭遇是真的，可惜已经太迟了。

可见，不被父母信任的孩子，内心要承受多少痛苦！孩子鼓起勇气说出可怕的遭遇，父母却拒绝、否认，甚至指责，这只会让孩子觉得整个精神世界瞬间崩塌了。

每个人都渴望被信任，孩子也不例外。在亲子关系中，信任是最基础、最本质的部分，只有信任孩子，孩子才能感受到父母的支持，孩子的心才会离父母更进一步，亲子关系才会更有质量，因为父母的信任对孩子是最好的爱。父母一定要自始至终地信任孩子，这不仅可以激励孩子保持前进的信心和力量，甚至可以改变孩子的人生态度。

有个身材矮小的女孩特别喜欢乒乓球，所有的人都不看好她，但她的父亲却坚定地告诉她："你很优秀，真的。"这个女孩就是乒乓球国手邓亚萍。

有个因为口吃而非常自卑的男孩，母亲却告诉他："孩子，你口吃是因为你的嘴巴无法跟上你聪明的脑袋。"这个男孩就是美国通用电气公司前CEO杰克·韦尔奇。

有个男孩说："我要跳到月亮上去。"妈妈微笑着说："好啊，但是，可别忘记回来哦！"这个男孩就是第一个登上月球的人类宇航员阿姆斯特朗。

邓亚萍、杰克·韦尔奇、阿姆斯特朗成功的共同点是：父母真心相信他们能行，这就是信任的力量。信任孩子，才能激发孩子内在的动力，让孩子体会到被认可的快乐。在父母无比信任的眼神和言语中，孩子才能一步一个脚印地走向成功，实现梦想。

香港动画电影《麦兜故事》里麦太对麦兜说过这样一句话："全世界的人不爱你，我都只爱你；全世界的人不信你，我都只信你；我爱你爱到心肝里，我信你信到脚趾头里。"信任是给孩子最好的爱，是对孩子最有效的教育，也是对孩子最大的肯定。信任里体现着父母的眼界和格局，彰显着父母的胸怀和智慧。

1. 同样的意思，用充满信任的措辞方式来表达

中国文化博大精深，同样的意思，用不同的措辞方式表达，给人的感觉大不一样。在评价孩子时，否定的意思也可以用肯定的措辞方式来表达，从而让孩子感受到信任和力量。

有个男孩正读高三，一次家长会上，班主任告诉他母亲："你儿子考重点大学希望不大。"母亲回到家后，微笑着对儿子说："儿子，老师肯定了你的成绩，说只要你再努把力，就很有希望考上重点大学。"

儿子听了母亲的话，脸上绽放出了笑容。

高考结束后，当儿子把录取通知书交到母亲手里时，母亲惊喜地发现儿子考上了一所重点大学。再看看儿子，已经忍不住喜极而泣，他对母亲说："妈妈，我知道我不是聪明的孩子，但我绝不辜负你的信任和鼓励。"

在这个案例中，老师说："你儿子考重点大学希望不大。"但母亲却换了一种措辞方式来表达："孩子，只要你再努把力，就很有希望考上重点大学。"对比体会一下，母亲的话是否充满了包容和智慧呢？可见，教育孩子是门艺术，这门艺术首先体现在父母对孩子的态度上——是否信任孩子。只要信任孩子，父母教育孩子的方法就会变得富有智慧和力量。

2. 未知的事情，要相信"一切皆有可能"

对于孩子，父母应该始终保持一份美好的期待。对于孩子身上未发生的事情，父母要相信"一切皆有可能"。这份信任是父母不能缺少的，它能够体现父母的眼界和格局。

比如，要相信孩子能处理好自己的事情，因此要敢于放手让孩子去尝试，父母只在关键时刻给孩子出主意，提醒一下孩子即可。要相信孩子可以战胜困难和挫折，可以在错误中获得成长，要相信经历就是一种收获，要让孩子勇敢地去闯荡。

总之，父母的眼界和格局决定了孩子的人生高度，在父母信任中长大的孩子，可以演绎精彩的人生故事。

第5章
尊重孩子,不做控制型父母

不少父母常常把"我是为你好,你要听我的"这样的话挂在嘴边,强迫孩子按照他们的想法和要求来做,一旦孩子不同意或反抗,他们便认为孩子"不听话",然后训斥孩子。这是典型的控制行为,是对孩子的极不尊重。要知道,孩子并不是父母的私有物品,孩子有自己的思想、喜好,他们需要被尊重,需要平等、自由。所以,请尊重孩子,拒绝做控制型父母。

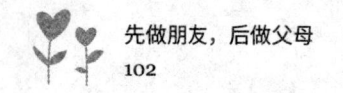

每个孩子都是独立个体，别把他当成附属品

曾有这样一则有关教育的故事：

有位教授才高八斗、学富五车，在教育事业中斩获很多荣誉。他育有一个儿子和一个女儿，但他对待儿子和女儿的教育方式截然不同。

他对女儿要求低，他认为女儿如果愿意学习自然是好事，如果不愿意学习，他也不会强求。因此，他平时不怎么督促女儿学习，也不要求女儿考多少分，考什么样的大学。

他对儿子要求高，他认为儿子一定能出人头地，光宗耀祖。在这种思想的支配下，儿子每天被父亲逼着学习，本来快乐的求知变得非常痛苦。结果，"我要学"变成了"我厌学"，学习动力越来越弱。见儿子变得不爱学习了，教授便恐吓、威胁甚至打骂儿子。可是，这种方法在儿子小时候还管用，可随着儿子一天天长大，渐渐就不灵了，而且搞得父子关系十分紧张。

最后，被公认天赋很高的儿子连普通大学都没考上，而在宽松环境中长大的女儿，却先后考入重点高中、重点大学，最后还成了博士。

生活中，有很多父母和这位教授教育儿子的模式一样，把孩子当作自己的私有财产，当成自己的附属品，对孩子抱有高期望，给孩子设定高目标，并不断给孩子施压，强迫孩子按照自己制订的计划和设计的路线去做。殊不知，孩子虽然是父母生的，但不是父母的附属品，孩子是一个独立的个体，他们不属于任何人，只属于他自己。

父母一定要明确这样一种思想：把孩子视为独立的个体，在尊重孩子的前提下去爱孩子，才能让孩子成为真正的自己。孩子有自己的思想、人格和尊严，这是父母不能主宰和左右的；孩子有自己的想法和意愿，这也是父母不能轻易限制、打压、强迫和支配的。否则，将会成为教育最大的失败，亲子关系也会变得极其糟糕。

那么，父母怎样才能让孩子成为独立的个体，做独立的自己呢？以下三点要注意：

1.不轻视，用平视的态度对待孩子

孩子是独立的人，从出生的那天起就是。父母不能只是俯身爱孩子，还要学会蹲下来，用平视的眼光和态度与孩子相处，这样孩子才能感受到平等，才不会觉得自己"低人一等"。孩子的独立人格获得尊重后，也会变得更自信、更自尊、更大方、更热情。具体来说，日常生活中父母应注意以下细节：

（1）家里来客人或去别人家做客时，请正式地介绍孩子。不论孩子年龄多大，都要郑重地介绍给对方。孩子被父母正式地介绍给对方后，他们就会把自己当作小主人，或在别人家注意自己的行为。

（2）不要当众训斥、嘲讽、挖苦孩子，也不要把孩子的隐私当成笑话说给别人听。

（3）对孩子要摒弃一切居高临下的指挥、支配行为，不要指使孩子做这做那，而要学会和孩子商量。

（4）家里的事情，大到换房、购车、给孩子换学校，小到房间的布置、周末的规划和一日三餐的安排，都可以询问孩子的想法，倾听孩子的意见。

（5）接纳孩子的想法，即使他与你观点有分歧，也不能打压，强迫孩子认同你的观点。

2.不强迫，给孩子施压一定要适度

孩子成长的过程、习惯养成的过程是一个适当约束、科学管理的过程，不可

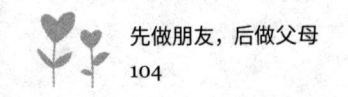

能任由其自由散漫、无拘无束地发展。因此，父母有必要给孩子提出要求，并施加压力，促使孩子不断进步。但施压一定要适度，要符合孩子的年龄特点和承受能力。否则，只会带给孩子沉痛的伤害，对孩子成长无益。

在综艺节目《密室大逃脱》中，有一期节目是关于家庭教育的，节目中虚拟了一个场景：父母每天不间断地逼迫孩子高负荷地学习和练琴，最后孩子不堪重负，终于崩溃了。

节目的情节让人感到不可思议：父母给孩子制订了作息时间表，每天只能睡4小时；家里各个房间被设置成书房和琴房，出了书房就是琴房，出了琴房又回到了书房；墙壁上挂着5句对孩子杀伤力极大的话："我什么时候答应过你""我养你有什么用""你再这样，爸妈就不要你了""早就告诉过你了，你非不听""我们都是为了你好"。

在场嘉宾看了这个节目，纷纷表示这简直是虐待孩子。有些妈妈当场表示孩子是独立的个体，有独立选择和被尊重的权利，坚决反对这么对待孩子。

节目中的场景虽然是虚拟的，但却是现实版家庭教育的真实反映，很多父母望子成龙、望女成凤，偏激地督促孩子学习，给孩子制订严苛的学习计划，每天反复催逼孩子，动不动就用例子中的那5句话来提醒孩子，无形中给孩子造成了很大的压力，压得孩子喘不过气来。

事实上，无论是学习还是做别的事情，在自愿的前提下去做，才能收到最好的效果。父母过分强迫孩子，完全无视孩子的意愿，会让孩子产生反感情绪，导致孩子即便本来自愿学习，也会变得厌学。这不是得不偿失吗？所以，明智的做法是，不强迫、少施压，让孩子在宽松的氛围下学习、生活和成长，这样孩子才可能学得快乐、学有所成。

3.不代替，孩子的事情由孩子做主

生活中，很多父母认为孩子还小，就想当然地替孩子做决定。殊不知，孩子也有独立意识和做决定的权利，特别是孩子自己的事情，比如穿什么衣服、吃什

么菜、怎么布置房间、怎么安排假期、作业先做什么后做什么等，父母应该放手让孩子去做主，要相信孩子能够做好自己的事情，安排好自己的生活。

　　再比如，孩子想帮父母打下手、做家务，父母不应该拒绝孩子。要知道，孩子愿意去做一件事，这种意愿非常珍贵。明智的做法是给孩子机会，教孩子方法，鼓励孩子做好他想做的事情。这样可以培养孩子的动手能力，增强孩子的责任感，提升孩子的自信心，何乐而不为呢？

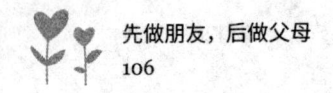

别把你童年的遗憾强加给孩子

刘女士说:"小时候我特别喜欢跳舞,但家庭条件不好,没办法学习舞蹈,这成了我一辈子的遗憾。现在条件好了,我必须让女儿练习舞蹈。"她给女儿报了舞蹈班,每个周末不辞辛劳地把年仅5岁的女儿送到舞蹈培训中心学习跳舞。然而,女儿并不领情,抱怨说:"我并不喜欢跳舞,我喜欢和小朋友们玩儿,可是每个周末我都被逼着去跳舞,我真的好累。"

在我们周围,像刘女士这样的家长并不少见:

一个写字写不好、画画也画不好的妈妈,会送孩子去学书法、绘画;一个身体羸弱的爸爸,往往会让孩子学习跆拳道等武术类的技能;如果父母当年是学霸,他们可能不会逼迫孩子学习;但如果父母当年成绩不好,没有考上心目中的大学,他们很有可能特别在乎孩子的成绩……

父母对孩子的期望里,藏着他们童年的遗憾。他们想把自己未完成的心愿、未实现的理想转嫁到孩子身上,让孩子替自己弥补童年的遗憾。对于这种做法,他们并不觉得有何不妥,他们甚至认为孩子是自己生的,自己有权替孩子规划人生。殊不知,这是在抹杀孩子的天性和梦想,是一种无情的控制,是极端自私的行为。这不仅会剥夺孩子的快乐,更会影响孩子的健康成长。

电视剧《小别离》,讲述了三个不同经济条件、不同生活背景下的家庭中的育儿故事。三个家庭的共同点是父母把自己的愿望强加给孩子。

张小宇是个"富二代",父亲张亮忠白手起家,历尽艰辛,终于资产过亿。张亮忠没读什么书,因此他希望儿子多读书,将来出国留学,光宗耀祖。

方圆、童文洁一家算是中产阶级家庭,在外人看来他们的日子过得幸福美满。然而家庭中关注的焦点是女儿朵朵的学习,夫妻俩频频施压,要求朵朵好好学习,将来好学业有成,长大后拥有一份令人羡慕的职业。

吴佳妮一家属于普通工薪阶层,因拆迁临时住在安置房里。女儿琴琴懂事、自立,学习成绩一直名列前茅。但即便如此,吴佳妮还是把自己渴望改变命运的愿望投射到女儿身上,对女儿的学习和生活采取高压控制。

这三对父母的做法看似无可厚非,毕竟都是为了孩子前途着想,只不过他们把未实现的愿望强加给了孩子,让孩子感到压力巨大。试问,这样的愿望是孩子自己的梦想,还是父母没有实现的梦想呢?

父母从孩子出生时开始,就煞费苦心地给孩子安排、设计人生,可那真是孩子需要的吗?如果不是,那么当孩子不顺从时,将会遭到父母更多的训斥,而不是理解。如果孩子不反抗,而是默默地把痛苦压抑在心中,那么久而久之终将崩溃。总之,不管是哪种状态,对孩子的成长都没有好处。所以,千万不要把你未实现的梦想和对孩子不切实际的期望强加到孩子身上。

1.你的梦想,不应该让孩子去实现

这天舟舟找同事替班,说她要带女儿上课,同事应允后问她:"带孩子上什么课?"

"钢琴课。"

"哈哈哈!"同事笑了笑说,"我看是你想学钢琴吧!"

"不是啊!我女儿喜欢钢琴,我才给她报班的!"舟舟回答这句话的时候,有点心虚。

她喜欢弹钢琴,也会弹一些曲子,但由于自己小时候没有条件接受专业的钢

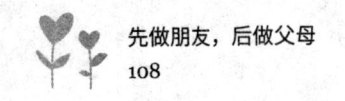

琴训练，所以没有过硬的五线谱知识，遇到有难度的谱子，她根本不会弹。这成了她的遗憾。所以当她女儿满5岁后，她就迫不及待地给女儿报了钢琴班，送女儿去学五线谱。她希望女儿在学钢琴的道路上能先练好基本功。

可是有几次舟舟分明感觉到，女儿对练习钢琴并不那么配合，甚至不想上课。女儿经常在上课前对舟舟各种软磨硬泡，上课时又喜欢开小差，课后练习也不好好完成。舟舟很担心女儿在学钢琴这条路上半途而废。

有时候舟舟也会这样问自己：到底该顺其自然地让女儿学琴，还是逼迫女儿坚持学琴？直到同事说出那句"我看是你想学钢琴吧"，舟舟才恍然大悟："我希望女儿学钢琴，是因为我想弹一手流畅的钢琴，这是我的人生遗憾，并不是孩子人生的必修课。如果她不喜欢弹钢琴，她有权说'不'，她只需要追求自己热爱的，对自己的人生负责。"

这么想的时候，舟舟感到放松了许多，后来对女儿的苛责少了，也不再给女儿制造紧迫感了。结果，女儿反而更乐于学钢琴了，上培训课也不那么抵触了。

有些家长的界限感一向淡薄，分不清什么是自己该做的，什么是孩子该做的，他们经常把自己的生活和孩子的生活混在一起。在边界感比较模糊的这些事情中，最容易被家长忽视的是对孩子的期望。因为期望很重要，且带着"我都是为你好"的感情色彩，因此它的边界感很容易被忽视。殊不知，这份期望很容易掺杂家长的个人愿望和情绪，从而让孩子背负沉重的压力。

有位母亲抱怨说，她希望孩子将来上个好大学，找个好工作，可是孩子不争气，学习不上进。她言语间充满了对孩子的失望。平心而论，这样的父母并不值得同情，值得同情的是他们的孩子：为什么父母的梦想要让孩子来实现？父母有权决定孩子的梦想吗？父母能够替孩子设计人生吗？答案很明显，父母的梦想或遗憾，不应该让孩子去实现。

2.孩子的梦想，应该让他自己做主

为什么父母的梦想或遗憾不应该让孩子去实现？很简单，因为孩子有自己的梦想，有自己渴望追求的人生。孩子应该为自己的梦想做主，也有权为自己的人

生负责，而父母应该做的是支持、鼓励孩子为梦想而努力。

所谓"三百六十行，行行出状元"，社会需要各种各样的人才。爱好体育的孩子，可以努力成为优秀的运动员；喜欢舞蹈的孩子，可以努力成为舞蹈演员；喜欢赛车的孩子，可以努力成为职业赛车手；喜欢机械的孩子，可以努力成为工程师；喜欢画画的孩子，可以努力成为画家；喜欢摆弄相机的孩子，可以努力成为摄影师……当然，也许他们最后没有如愿，但至少可以朝着梦想的方向努力。

作为父母，应该留心观察孩子的兴趣，发现孩子真正的潜能，并努力培养和挖掘。同时，如果自己有未完成的愿望，应该行动起来，为之努力，给孩子树立学习的榜样。总之，爱孩子就给他自由的空间吧，爱孩子就让孩子自己做主吧，爱孩子就鼓励他为自己的梦想而努力吧。

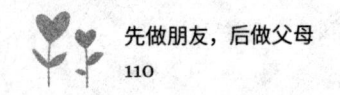

尊重孩子的想法，才能培养出有主见的孩子

孩子在成长过程中，会慢慢开始思考这个世界，思考他所遇到的事情，并逐渐产生自己的想法，热衷于发表自己的观点。这说明他们有了独立的思考意识，这是非常可贵的。做父母的，千万不要忽略和压制孩子的想法，即使他们的想法幼稚可笑，也不能嘲笑和打断他们。不要总是以成人的思维来评判孩子，而应该尊重孩子的想法，鼓励孩子自由地表达，并接纳孩子合理的意见。

美国第32任总统富兰克林·罗斯福出生在一个民主的家庭中，他小时候住在纽约美丽的哈德逊河谷的海德庄园里。虽然他与外界没什么接触，但是他在庄园里玩得很开心，这与母亲萨拉富有智慧的教育方式密不可分。

富兰克林小时候，母亲萨拉非常尊重他的意愿和想法。在一些非原则性问题上，她只给富兰克林提些建议，然后鼓励富兰克林自己做主。这不仅让他们母子关系融洽，而且使富兰克林从小就非常有主见。

幼年的富兰克林有一头金色的卷发和一双碧蓝的大眼睛，他鼻梁挺拔、端正，十分英俊，很招人喜爱。萨拉喜欢用各种服装打扮富兰克林，但是对于母亲选择的衣服，富兰克林并不喜欢。

有一次，萨拉想给富兰克林穿绉边的套装，富兰克林大胆提出了不同意见。还有一次，萨拉想说服富兰克林穿苏格兰短裙，但富兰克林拒绝了。最后，萨拉同意富兰克林穿水手服。

关于这段往事，母亲萨拉在《我的儿子富兰克林》一书中写道："做妈妈的对于衣饰的品味虽然高雅，可是执拗的儿女却并不喜爱。"幸运的是，萨拉从未强迫富兰克林按她的想法和意愿去执行，而是非常尊重富兰克林的想法。

富兰克林5岁的时候，他有一次忧郁地告诉萨拉："妈妈，我不快乐，因为我并不自由。"萨拉心想，是不是平时对孩子太严格了？于是，她决定给富兰克林多些自由。第二天，萨拉不再按计划安排富兰克林的日常生活，而是让富兰克林自由地做他喜欢的事情。

一开始富兰克林很开心，因为他真的感到很自由。可没多久，他发现被人忽视的自由一点儿都不好玩。后来，他主动让母亲给他安排日常生活。对于这件事，萨拉在回忆录里写道："那天晚上，当他拖着疲惫的、脏兮兮的身子回到家时，我们没有问他去了哪里或干了什么。第二天，他自愿按平时的计划作息，并且觉得心满意足。"

后来，富兰克林渐渐长大，他想剪掉卷发，尽管萨拉非常不舍，但还是同意了富兰克林的想法，帮他把卷发剪掉了。萨拉说："我们想培养他的独立精神和责任感，而波浪似的卷发确实与这些品质不配。"

伟人之所以伟大，与他从小所受的家庭教育密不可分。比如富兰克林，从出生的时候开始，富有智慧的母亲就非常尊重他的想法，使他从小生活在平等、民主、自由的家庭氛围中，也使他具备了超强的自信和主见。可见，尊重孩子，对一个孩子的成长有多么重要。

看看我们周围，经常有父母对孩子这样说："你这样不行！""我说的话没错，你得听我的！""你还小，你懂什么？""不听老人言，吃亏在眼前。"这是典型的不尊重孩子想法的表现，会让孩子觉得自己不行，不利于培养孩子的自信和主见。

明智的做法是，要经常对孩子说："我是这样认为的，你有不同的想法吗？""我觉得这样不太好，因为……你觉得呢？""这事件，我的想法是……你有什么建议吗？"这种沟通方式能够充分尊重孩子的意愿和想法，激发孩子思

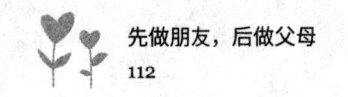

考的潜力，还能促使亲子沟通顺利进行，促进亲子关系更加融洽。

具体来说，尊重孩子的想法，培养孩子的主见，父母应做到以下几点：

1.主动征求孩子的意见，激发孩子的思考力

想要培养有主见的孩子，首先要明白什么是主见。所谓主见，就是一个人对事物的确定性的意见和见解，前提是对某件事有过思考并形成自己的看法、想法。可是生活中，很多父母喜欢替孩子做决定，而没有征求孩子意见的习惯，这样孩子就缺少了锻炼思考的机会。当孩子不遵从时，父母往往不是先问问孩子的想法，而是大加责备。这又进一步打压了孩子的想法，这样孩子怎么可能有主见呢？

所以，建议父母养成征求孩子意见的习惯，鼓励孩子说出自己的想法，这样可以促使孩子去思考，有利于培养孩子的主见。比如，带孩子去超市购物，可以问他："你想买什么？"买玩具之前，可以问孩子："你为什么选这个玩具呢？有没有货比三家？"带孩子出门时，可以问孩子："你想乘坐什么交通工具？"当孩子说"我想坐公交车"时，你还可以问孩子："乘坐公交车有什么优势？如果乘坐地铁会不会更快？"通过征求意见、引导思考，可以激发孩子产生更多想法，这是培养有主见的孩子的第一步。

2.耐心倾听孩子的表达，保护孩子的表达力

当你征求孩子的意见后，孩子会思考并表达自己的想法，这时你一定要耐心倾听，让孩子自由表达。这既体现了对孩子的尊重，也能保护孩子的表达欲、表达力。倾听孩子表达时，可以从以下几个方面加以注意：

（1）静静倾听孩子的"唠叨"

年纪较小或表达力不好的孩子，在说出自己想法的时候，可能会絮絮叨叨，半天也讲不清楚，这时你千万不要嫌孩子啰嗦和麻烦。要知道，这种"唠叨"是孩子自主意识的萌芽，是孩子在试图向成人表达对世界的看法。因此，你不仅要静静地听，还要适当鼓励孩子讲下去。

（2）勿抢孩子的"话头"

有些家长听孩子讲话时，觉得孩子用词不恰当、表达不清晰，就急不可耐地抢过孩子的"话头",想当然地替孩子说出"后半句"。这样做会剥夺孩子表达的机会,也会打击孩子表达的信心和表达的积极性。因此,千万不要抢孩子的"话头",而应该鼓励孩子用自己的语言表达。

(3)赏识孩子的"报告"

不知你是否发现,孩子经常会向你报告他们的所见所闻,比如,在路边看到什么,和朋友玩了什么。对于这些报告,你千万别嫌孩子啰嗦,或觉得孩子的想法和见闻可笑。要知道,这是孩子经过探索、思考后的想法,只有当你耐心倾听并加以赏识之后,孩子才会得到鼓舞。

(4)聆听孩子的"辩解"

日常生活中,当孩子与家长争辩某个问题,或孩子在父母的质问下辩解时,父母往往会斥责孩子,"不准顶嘴"。此话一出,孩子的想法被打断,父母也失去了一次深入了解孩子的机会。明智的做法是,聆听孩子的辩解,看他说的是否合理,是否有条理。这对培养孩子的思考力、表达力和独立性都很有帮助。

3.欣赏并采纳孩子合理的想法和建议

当你听完孩子的话,接下来该做的就是分析孩子的话是否有道理,观点是否可行。如果答案是肯定的,请不要吝惜表扬和欣赏,大声告诉孩子:"你的想法真的很了不起,我从来没想到这一点,太棒了。"然后采纳孩子的想法和建议。这样做既可以肯定孩子合理的想法,又可以激发孩子的自信心,还能培养孩子的独立意识。

如果孩子的想法没道理、建议不可取,那也请口下留情,切莫打击孩子。你可以告诉孩子:"你的想法很特别,给我提供了新的思路,不过现在还没办法实行,因为……"这样做可以让孩子明白什么是不对的,不能想到什么就干什么。

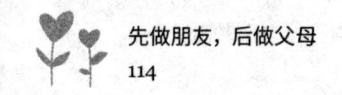

当面教子是一门技术活

有句老话叫："当面教子，背后教妻。"从字面上理解，就是当众教育孩子，背地里劝导妻子。为什么要当众教育孩子呢？很多父母是这样理解的：当众教育孩子，是为了让孩子长记性。于是，我们看到不少父母当众批评孩子，甚至把孩子当作出气筒，向孩子大发脾气、打骂孩子，肆无忌惮地表达不满。

上海一个10岁男孩因为作业漏写了一部分，父亲一怒之下罚他跪在火车站广场上，并在他面前放一个碗，说让他尝尝"乞讨的苦"。这位父亲以为不顾孩子的尊严，让孩子当众下跪乞讨，能让孩子长记性。却不知，用"让孩子丢脸"的方式来教育孩子，不仅不会让孩子记住教训，反而会击溃孩子的自尊心，让孩子产生深深的羞耻感、自卑感和痛苦感。

要知道，孩子3岁后自我意识就开始迅速觉醒，也可以说有了面子意识。这种情况下，如果父母当众责骂、训斥孩子，将会严重伤害孩子的自尊心，从而让孩子变得畏手畏脚，变得不敢尝试。所以，请正确认识"当面教子"的含义，掌握好当面教子这门技术活。

事实上，"当面教子，背后教妻"的原版古训叫"堂前教子，枕边教妻，对症下药，量体裁衣"，它出自《朱子家训》，意思是孩子犯错了要及时纠正，告诉他错在哪里；妻子有不对的地方不要当着孩子的面指责她，这是对孩子，也是对妻子的尊重，可以让父母在孩子心中留下好印象，有利于创造和谐的家庭环境，有利于孩子的身心健康。

华华是大连市某中学的初二学生，暑假的一天下午，他和几个小伙伴在当地某广场地下的游戏厅里玩。在游戏厅，他无意间捡到一个钱包，打开之后发现里面除了有身份证和信用卡，还有300多元现金。

华华环顾四周，发现没人注意到自己，但他还是在原地等了一会儿，可还是没人回来找钱包。再三犹豫之后，他决定将这笔钱花掉，然后将钱包偷偷扔掉。他拿着300多元钱，买了一堆游戏币，还拿出一部分请小伙伴们玩。

由于从小养成了按时回家的习惯，下午4点华华不得不把没用完的游戏币带回家。回到家里，他的神情有些不自然，细心的爸爸察觉出异样，并发现了他带回的一堆游戏币。后来，在爸爸的追问下，华华只好老实交代了事情的原委。

听完华华的讲述，爸爸并没有打骂他，而是很严厉地教育他："儿子，你这种行为是不对的，捡到东西应该归还，你怎么能把别人的钱花掉，还把别人的钱包扔掉呢？丢了钱包的人该多着急啊？"

教育完华华，爸爸又对华华说："走，你现在带我去看看钱包还在不在。"当他们来到事发地时，发现华华扔掉的钱包还在。他们打开钱包找了找，也没发现失主的联系方式，父子俩决定补齐300元现金，并向附近派出所报警。警方根据身份证上的信息，很快就联系到钱包的主人——一位当地的大学生。

这个案例中的父亲，很好地为我们示范了什么叫"当面教子"。所谓的"当面"，指的是"要及时""第一时间"，而不是"当众""现场"。目的是及时纠正孩子的错误行为，让孩子加深记忆，这样才容易改正。明白这一点是正确运用此法的前提。

那么，运用这一教育方法需要注意什么呢？

1.注意场合，以免伤害孩子的自尊心

当面教子的第一个重点是"当面"，我们知道"当面"是指"要及时""第一时间"，但当面也要注意场合，要以不伤害孩子自尊心为原则。因为自尊心是孩子自尊自爱的基础，是孩子健康人格的保证。因此，在强调第一时间教育孩子时，也要结合教育的场合。如果是在公共场合，一定要注意语气、态度和音

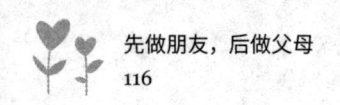

量，不要过于激动，也不要声音太大，以免引起周围人关注，让孩子感到自尊心受伤。

2.当面教子要的是教育，而不是责备

当面教子的重点除了"当面"，还有"教子"，即要教育孩子，而不要责备孩子。有些父母根本分不清教育和责备有什么不同，认为责备就是教育孩子，就是为孩子好，还美其名曰"爱之深，责之切"，情绪激动的时候，甚至忍不住打骂孩子。殊不知，这并不是真正意义上的教育行为，真正的教育是先客观地指出孩子的错误，再告诉孩子什么是对的，然后了解孩子为什么会犯错，帮助孩子寻找改正的方法，并督促孩子执行。

给孩子更多的选择权，必要时给予指导

很多孩子从小时候开始，一切与自己有关的事情，几乎都是由父母来做主。买什么衣服父母来做主，交什么朋友父母要过问，报什么兴趣班父母要替孩子选择，上什么大学、学什么专业父母也要替孩子做决定。等孩子长大成人，找工作、恋爱结婚后父母还会继续操心。这种父母看似勤快，实则是在伤害孩子，而且是永久性的伤害。

韩女士每次和亲戚朋友聊天，就会忍不住抱怨儿子没出息，说人家的孩子大学毕业后都积极找工作、谈恋爱，如今很多都已经成家立业。而她儿子大学毕业后，整天闷在家里，既不主动找工作，也不主动谈对象，什么事情都要由她来安排。

乍一听，韩女士的儿子真是没出息，可他为什么会这样呢？知情者都明白，他儿子的现状与韩女士的教育密不可分。从小到大，韩女士总是习惯帮儿子做选择。从衣食住行，到上什么学校、跟谁同桌，报什么兴趣班、辅导班等，韩女士包办了这一切。到了高中分文理科的时候，她又替喜欢文科的儿子选择了理科。报考大学、选专业，也都是韩女士替儿子做决定。

大学毕业后，儿子本来靠自己的努力找到了不错的工作，可韩女士偏要托熟人关系，将儿子安排到一家国企，做了一份闲差。后来国企因经营不善而重组，韩女士的儿子因表现不佳被一次性买断工作关系，然后赋闲在家。另外，原本儿

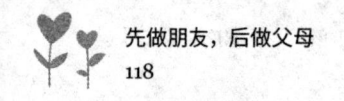

子刚毕业时谈了个女朋友,但韩女士看不上对方,还强行给儿子介绍了相亲对象,把儿子美好的姻缘都拆散了。

从小被剥夺选择权的孩子,性格上很容易呈现两种极端:一种是习惯于顺从父母的选择,变得没有主见,遇事胆小畏缩;另一种是长期被压抑,长大后变得非常叛逆,而且做事不计后果。这两种极端对孩子的成长都有极大的危害。

父母从小就剥夺孩子的选择权,对孩子是极不公平的,伤害也很大。主要表现为:

首先,不利于锻炼孩子的独立性和选择能力。学会做决定,学会做选择,不仅能提高孩子的独立性和决断能力,还能提升孩子的自信心。如果孩子从小缺少这种锻炼,将来他面对人生大事时就会很迷茫。

其次,孩子难以体会到生活的意义。心理咨询师武志红说过:"一个生命的意义就在于选择,只有不断地为自己的人生做选择,这个人才算活过。"如果孩子的人生总是被父母选择,那么他就会失去自我。因为他根本体会不到生活的乐趣,体会不到成就感。

再者,影响亲子关系质量。对父母来说,为孩子付出那么多,但孩子的表现却与自己期望的相差甚远,难免会产生心理落差,会忍不住抱怨:"我替你做了那么多,你居然考出这样的成绩,太让我失望了。""我什么事情都给你办好了,你光学习还学不好,还能有什么用?"这样的抱怨会增加孩子的心理压力,让孩子感到厌烦,变得逆反,最终会影响亲子关系。

为什么父母那么喜欢替孩子做选择呢?也许在父母的潜意识里,自己有权支配孩子的一切。中国人民公安大学教授李玫瑾曾在《今日说法》栏目中说:"很多家长在跟孩子交流的过程中,最大的特点就是没有选择。"她建议家长给孩子更多的选择。当孩子可以自由选择时,他才会对自己的选择负责到底,行动也会更积极。

有一位朋友说,小时候他以为自己喜欢兔子多于狗,以至于父母第一次让他养一只小黄狗时,她非常排斥,不仅从不喂狗,还不让狗靠近自己。因为他嫌弃狗,没过多久小黄狗就被送人了。

后来,父母带回来一只小黑狗和一只小白兔,让他和妹妹选择养什么。对比之后,他发现小黑狗似乎更可爱,便选了养狗。从那以后,他不仅给小黑狗洗澡、"设计"发型,还跟小黑狗对话,训练小黑狗。小黑狗跟他形影不离,每天上学都追着他。当有人欺负他时,小黑狗会第一时间冲到他前面保护他。所以,大家都说小黑狗是他的保镖。

这位朋友说,他跟小黑狗的这段友谊,正是从妈妈让他自主选择开始的。父母做主让他养狗时,他嫌弃狗;父母让他自己选择养什么时,他爱上了狗。

通过这个例子我们可以发现,当一个人能够自主选择时,他会对自己的选择很上心,很有责任心,他会规范自己的行为,努力实现目标。

让孩子有机会自主选择还能锻炼孩子的能力,提升孩子的自信心。因为在选择的过程中,孩子的判断力、思考力都可以得到锻炼。正确选择或错误选择的经历,都会成为孩子人生宝贵的财富,都能丰富孩子的人生体验。

让孩子有机会自主选择还能促使亲子关系更加融洽。因为给孩子自主选择权是对孩子的尊重,是信任孩子的表现。孩子看到父母尊重和信任的眼光,自然会更敬重父母。

那么,关于给孩子选择权,父母应注意什么呢?

1.给孩子"有限的选择权"

给孩子选择权是一门艺术,没有掌握这门艺术,不仅无法锻炼孩子的能力,反而会让孩子变得任性。比如,去商场给孩子买衣服时,父母最好不要问孩子:"你想买什么衣服?"因为衣服种类太多,任由孩子去选择,孩子有可能选一个不适合同年龄阶段的衣服,这时父母该同意孩子的选择吗?如果同意,那么孩子的着装可能会很另类,而且长期如此,容易导致孩子变得任性。如果不同意,又打压了孩子的选择积极性。这就两难了。

明智的做法是,可以这样问孩子:"你想买这件蓝色的连衣裙,还是想买那

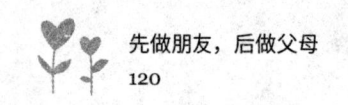

套白色的T恤和短裤？"让孩子在两个方案中选择一个。这就是给孩子有限的选择权，它的好处是让孩子在相对合理的范围内做选择，在保证方向正确的前提下，让孩子自己做决定。这样孩子才不会以自我为中心，而听不进别人的意见。

2.唤醒孩子的自主选择意识

生活中，有些孩子因性格原因，比如内向、自卑等，而不太喜欢做选择。这时父母就应该设法唤醒孩子的自主选择意识，多鼓励孩子做选择。比如在吃的方面、穿的方面、玩的方面可以让孩子二选一："午餐你想吃面条还是米饭？""你想穿黄色的外套还是蓝色的外套？""儿童节你想去游乐场玩，还是想去郊外玩？"经常这样引导、鼓励孩子做选择，对唤醒孩子的自主选择意识很有帮助。

3.孩子做选择时大人不要施压

当孩子在两个选项之间犹豫不决时，父母切忌不耐烦地催促、责怪孩子，因为这样会给孩子带来压力，会让孩子仓促做出选择。也不要见孩子半天做不了决定，就替孩子做决定。正确的做法是，耐心地给予孩子鼓励、启发孩子："哪个好？因为这是你自己要用的，所以你可以选择自己喜欢的。"当父母解除了孩子的后顾之忧时，孩子一定会勇敢地做出自己的选择。

4.学会肯定、欣赏孩子的选择

当孩子做出选择时，父母可以询问孩子选择的理由，并结合具体情况肯定、欣赏孩子的选择。这样可以有效地激发孩子的自信心，强化孩子的自主选择意识。做父母的，切忌因孩子的选择不符合自己的要求，就打击、挖苦孩子的选择。即使孩子选择不合理，父母也应该耐心引导，让孩子明白其中的对错。当然，最好还是让孩子去体验自己的选择，用亲身经历证明自己的选择是对是错。

孩子长大了，进孩子的房间也需要敲门

"你进孩子的房间，会先敲门吗？"对于这个问题，很多父母可能会感到诧异："什么？我进自己孩子的房间，还要敲门？没搞错吧？"在很多家庭中，父母"敲孩子房门"的意识非常淡薄，他们认为孩子是自己的，房子更是自己的私有财产，进孩子房间就如同从厨房走到客厅，根本没必要敲门，真是这样吗？

国外有一个创意短片，向人们演示了不敲门带来的尴尬和不良影响。场景设置在家里，这是日常家庭生活的真实再现。

场景一

女儿在卫生间对着镜子修剪刘海，妈妈拿着拖把直接闯入卫生间，女儿被吓到，手一滑，刘海被剪成"狗啃式"。妈妈不但没意识到自己的错，反而嘲讽女儿："这就是你想要的样子吗？"女儿很生气，不愿意搭理妈妈。

场景二

女儿在房间非常专注地阅读，爸爸抱着刚给女儿买的礼物直接推门而入，想给女儿一个惊喜，但却打断了女儿阅读的思路。女儿责怪爸爸，爸爸却抱怨女儿"不知好歹"，理由是"我给你买礼物，你不感激我，居然责怪我"。结果，父女二人一个星期没有讲话。

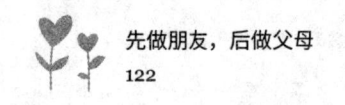

场景三

一家三口在客厅追剧，看到感人的地方，女儿和妈妈忍不住哭了起来，而爸爸则笑着离开客厅，走进书房。母女俩觉得奇怪，就推门进了书房想探个究竟，却看到爸爸在书房痛哭，这让爸爸觉得非常尴尬。

这三个场景寓意深刻，告诉我们：进门前不敲门是不礼貌的，是不尊重人的，不仅会打扰他人休息、学习，还会使人失去尊严，最终影响亲子关系。更可怕的是，父母不尊重人的习惯会被孩子模仿，从而影响孩子日后的人际交往和家庭和谐。

其实不管是大人还是孩子，都需要一点儿属于自己的空间。在这个空间里，自己的隐私可以得到保护，还可以在这个空间里做自己想做的事情，不怕被人闯入和打扰。一个家庭中，互相尊重是最基本的相处之道。亲子关系恶化，往往是从相互不尊重开始的，尤其是隐私的暴露，很容易引发亲子"战争"。

意大利幼儿教育家蒙台梭利说过："儿童的特殊之处就在于，他正处于一个独立意志和独立能力的塑造期。他正在迅速地建立起自己与环境的关系，自己与他人的关系、自己与物的关系。"家庭教育的目的之一是培养孩子对自我和周围环境、群体关系的正确认知。孩子的房门正是自我观念的缩影，也是孩子对独立意识、物权、人与人之间的界限感的直观感知。因此，敲门是帮孩子建立界限感和规则意识的开始。

美国某教育研究机构的一项调查显示，从小社交能力强，能快速融入集体、获得友谊的孩子，得益于其社交分寸感和公共道德感比较强。生活中，那些在公共场合大喊大叫、到处骚扰别人的熊孩子特别让人讨厌，这类孩子正是缺少了"公共空间"和"私人空间"的界限教育。所以，父母养成敲门的习惯对孩子健康成长、社交能力的培养以及快速融入社会都有积极意义。

那么，面对孩子那扇关闭的房门，父母应该怎样敲门呢？

1.搞清楚孩子关房门背后的心理

有位妈妈说："每次孩子回到家，就把自己关进房间，不让我进去。"为什么会这样呢？其实这不是个例，很多家长都遇到过类似的问题。特别是孩子进入青春期后，回家就把自己关进房间的现象更普遍。那么，孩子究竟为什么喜欢关上房门呢？其实分析一下，不外乎这几个原因：

原因1：渴望拥有自己的独立空间

伴随着成长，孩子的独立意识会不断增强，到了青春期，这种意识空前强烈。一个人渴望独立往往是先从拥有个人空间开始的，即想拥有一个属于自己的地方，在这里可以自由自在。因此，当孩子有了自己的房间后，就会本能地关起房门，这样可以让自己更有安全感。

原因2：希望更好地保护自己的隐私

伴随着成长，孩子保护自己隐私的意识会不断增强，到了青春期，这种意识也会空前强烈。这表现在很多方面，比如，会写日记，会锁上抽屉，会收藏自己喜欢的物品。如果父母翻看孩子的抽屉，偷看孩子的日记，就会引起孩子的反感。这会促使孩子产生更强烈的隐私保护意识，甚至会令孩子反锁房门。

原因3：厌烦父母，不想被父母打扰

如果孩子经常反锁房门，任由你敲门，也爱搭不理，那么你就有必要反思自己了：是你曾经多次不敲门就进入孩子房间，引起了孩子的强烈不满；还是你偷看孩子的私人物品，被孩子发现了？要知道，孩子反锁房门，且对你敲门爱搭不理，说明孩子非常厌烦你，想和你划清界限，想以这种方式来增加心理安全感。

2.尊重孩子的"关门权"和个人空间

有些父母见孩子回家就关上房门，于是生气地说："你到底有什么见不得人的事情啊？为什么总是关着房门？""不准关上房门！"其实，孩子关上房门并不是坏事，说明孩子长大了，有了界限感，知道什么地方是自己的空间。作为父母，如果强迫孩子打开房门，只会激起孩子的抵触情绪，激发亲子之间的矛盾。

明智的做法是，用平常心看待孩子关房门的行为，给孩子想要的空间感、距离感、安全感和隐私权。当你有事找孩子时，可以礼貌地敲门，得到允许后，再推门进入。这样做是对孩子最好的尊重，会赢得孩子的好感。如果没有事情找孩子，最好不要好奇孩子在房间里做什么，然后时不时以送水果、送水等借口敲孩

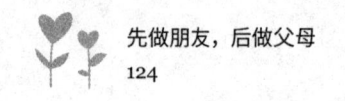

子的房门、打扰孩子。

3.文明敲门，给孩子最好的礼仪教育

敲门是有讲究的，文明敲门才能给孩子留下好感，同时让孩子受到更好的礼仪教育。

有些人敲门，一副十万火急的架势，"砰砰砰"，不但连续不断，而且敲门声很大，让人听起来就感到烦躁。如果孩子正在学习、思考问题，听到这样的敲门声就会很反感。所以，一定要避免这样敲门。

那么，怎样文明地敲门呢？你可以先轻轻地敲三下，"砰""砰""砰"，然后停下来3~5秒，等待孩子的回应。这样可以给孩子一种充分的心理准备。如果孩子没有回应，你可以继续敲三下，这时可以加大一点儿力度，加快一点儿节奏，然后等待回应。得到孩子允许后，才可以推门进入。如果孩子的回应中没有表达出让你进入的意思，那你最好知趣一点儿，不宜强行进入。

4.尝试用多样化的方式与孩子沟通

如果孩子总是紧闭房门，且不愿意为你开门，那么你既要高度重视，但又不能过于急躁。最好的办法是，在孩子走出房门后，尝试与孩子面对面沟通。如果孩子不愿意面对面沟通，你可以尝试其他的沟通方式，比如通过聊天软件和孩子聊聊，或者给孩子写张纸条。通过多样化的沟通，让孩子明白你很关心他、在乎他，你愿意倾听他的心声。孩子的心也是肉长的，只要你注意尊重孩子，并诚心诚意与孩子沟通，相信孩子不会拒你于千里之外。

尊重不等于骄纵，请拒绝孩子不合理的要求

在人来人往的商场里，经常能看到小孩哭闹、大人发飙的场景，不用说，肯定是孩子提要求，大人不同意。

不是说要尊重孩子，不做控制型父母吗？为什么还要拒绝孩子的要求呢？其实道理很简单，尊重不等于骄纵，及时、明确地拒绝孩子不合理的要求，是为了帮孩子树立正确的价值观，让孩子学会控制欲望，养成好的生活习惯。反之，以"尊重"为名，对孩子有求必应，只会让孩子变得骄纵、任性，将来很可能接受不了被拒绝，无法承受住挫折的考验。

那么，怎么拒绝孩子不合理的要求呢？有些父母对待孩子提出的不合理要求，喜欢采取粗暴的方式拒绝，这虽然有效，但对孩子会造成不良影响。因为孩子如果经常被粗暴地拒绝，在潜意识中就会形成这样的认知：我不够好，父母不爱我，我不配得到。这不仅会挫伤孩子的自信心，而且会让孩子变得畏首畏尾，即便长大后，也不敢去争取自己的正当利益。

因此，拒绝孩子不合理的要求，要做到语气温和、语言简单、态度明确。一旦拒绝的话说出口，最好别出尔反尔。无论孩子反应多强烈，父母都应该做到镇定自若，不急不躁，这样既不会伤害孩子的自尊心，也不会影响亲子关系。

有位妈妈带儿子到一家比较高档的餐厅吃饭，本来她只打算带儿子吃几道家常菜，吃饱就行了，谁知儿子拿起菜单，点了一道最贵的菜。妈妈觉得挺尴尬

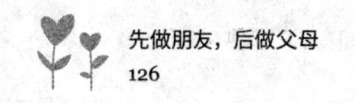

的，一是没带那么多钱，二是真的有点儿心疼钱。

很多人遇到这种情况，可能会咬咬牙，想办法满足孩子，因为这样的消费还能承受得起。但这位妈妈为了培养儿子正确的消费观，经过短暂思考，对儿子说："你很有品味，点的这道菜是这家餐厅最好的，但也是最贵的。今天妈妈带你出来吃饭，只预算了200元钱，我们可以适当超出一点儿。但如果吃你点的这道菜，不仅价格超出我们预算很多，而且菜量还特别少，根本吃不饱，你肯定不希望妈妈看着你吃吧！"

儿子默默地点了点头。

征求儿子的意见后，妈妈重新点了几道合儿子口味的菜。她们边吃边聊，妈妈对儿子说："我们吃的这几道菜，加起来都比不上刚才你点的那道菜贵。"

儿子非常吃惊："为什么那道菜那么贵呢？"

"因为那道菜是这家餐厅的招牌菜，你看这家餐厅装修得这么高档，如果没有一道上档次的招牌菜怎么吸引顾客呢？"

妈妈还跟儿子说："但我们两个人吃饭，没必要那么奢侈，应该以吃好、吃饱、吃得实惠为标准，对吗？"

儿子若有所思地点点头。

在这个案例中，妈妈通过春风化雨般的温柔，以及坚定的拒绝，让儿子明白其要求的不合理性，并从中学到了生活的智慧。整个拒绝过程中，妈妈让孩子明白：妈妈拒绝的是"点最贵的菜"这件事，而不是针对孩子。这样既限制了孩子不合理的要求，又不影响孩子对妈妈的感情。

那么，想要拒绝孩子不合理的要求，又不让孩子产生反感、抗拒情绪，有什么具体的方法呢？下面推荐几个方法：

1.告诉孩子什么要求"不行"，也要告诉孩子什么"可以"

父母在拒绝孩子时，告诉孩子什么是"不行的"，也应该告诉孩子什么是"可以的"，这相当于给了孩子另一种可能性，不至于让孩子那么失落。

比如，一个上小学的孩子说："妈妈，我要买部手机。"妈妈担心儿子有了手机会沉迷其中，就问："你要手机干什么呢？你现在年纪还小啊！"儿子说："方便和同学、老师还有你和爸爸联系啊！"妈妈说："哦，买手机是为了方便联系啊，可是手机比较贵，也不适合你，要不给你买个电话手表怎么样？"

你看，这就是给了孩子另一种可能，即提出较为合理的方案B，代替孩子不合理的方案A。

2.拿出两个选项供孩子选择

孩子："妈妈，我想吃冰激凌。"

妈妈："现在都11点了，哪有冰激凌？商店都关门了。家里有巧克力和草莓，你选一样吧。"

孩子："我要吃草莓。"

当孩子提出不切实际的要求时，父母可以先说明一下为什么他的要求不合理，然后拿出两个切合实际的选项，供孩子选择。这样孩子一般都会二选一。

3.耐心解释，说出感受

当孩子提出不合理的要求时，父母可以耐心解释，说出自己的感受，让孩子明白父母的心情。比如，在寒冷的冬天，孩子经过一处水坑时，想踩水玩。爸爸说："你这样玩水，会把你漂亮的新衣服、新鞋子弄湿、弄脏的，而且很容易感冒。爸爸可不忍心看着你流鼻涕、咳嗽、发烧啊，那得多痛苦啊！你说是吧？"想必孩子听到这样的话，就不再要求玩水了。

4.用"冷处理"拒绝孩子

面对父母的拒绝，孩子可能情绪激动，大喊大叫、大哭大闹。这时父母切忌着急上火或轻易妥协，明智的做法是，用"冷处理"的方式来应对，即把孩子晾一旁，不要搭理孩子，不要和孩子喋喋不休地解释。等孩子情绪平复后，再跟孩子讲道理。这样做对孩子的自尊心可以起到保护作用，也能避免亲子之间闹得不愉快。在冷处理之后再对孩子晓之以理、动之以情，当然，别忘了再给孩子一个爱的拥抱，以抚慰孩子失望的心灵。

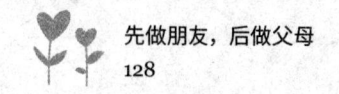

最后，有必要提醒大家的是：拒绝孩子的时候，不要心疼孩子的哭闹和反抗。要知道，父母坚持原则是为了让孩子守规矩，帮孩子养成好习惯。如果拒绝孩子后，见孩子哭闹就马上妥协，那么父母的话将会失去威信。下一次，当孩子的要求被拒绝时，他会变本加厉地哭闹。

第6章
如何说孩子才肯听，如何听孩子才肯说

在《奇葩说》中，被称为"辩论之神"的黄执中曾说过这样一句话："人生的困扰，十之八九都出在人际关系；而人际关系的困扰，十之八九都是因为沟通出了问题。"同样的道理，孩子不听父母的话，或不愿意和父母说话，问题就出在沟通上。身为父母，只有掌握正确的沟通方法，才能与孩子愉快相处，才能让孩子愿意听、愿意说。

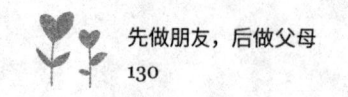

大量的亲子冲突，都是父母不懂沟通导致

有人说："从孩子会说话开始，一直到孩子成年，亲子之间所发生的矛盾冲突，90%源于父母不会沟通。"其实何止是亲子之间，夫妻之间、亲人之间、朋友之间、同事之间、上下级之间等，之所以发生矛盾，往往也是由于不会沟通导致的。

父母与孩子沟通时，常犯的错误有这样几种：

第一种错误：无论孩子说什么，父母都当没听见。

很多人都见过这样的场景，当孩子兴奋地向父母讲述一件事情时，父母好像没听见一样，完全不理会孩子说什么，而是跟孩子说别的事情。这就像是给孩子泼了一盆冷水，让孩子的热情瞬间变得冰凉。

孩子兴致勃勃地向妈妈讲述学校发生的一件趣事："妈妈，今天我们班有个小朋友……"

妈妈却说："赶紧去刷牙！"

孩子想接着讲，妈妈又催道："哎呀，赶紧去刷牙，听到没有？"

孩子还想说什么时，妈妈已经没有耐心了："磨蹭什么啊，都几点了，赶紧去刷牙！"

你看看，在这段对话中，妈妈与孩子根本不在一个沟通频道上，妈妈听不到孩子的话，孩子没有被倾听。这会影响孩子的表达欲，影响孩子下一次向妈妈说心里话。

第二种错误：无论孩子说什么，父母都会往学习上扯。

这种错误也是很多父母容易犯的，尤其是那些把学习看得无比重要的父母，更是把所有的事情都与学习扯到一起，让孩子觉得"父母除了和我谈学习，什么事情都不想听我说"。

一天放学回家，男孩嘉嘉对妈妈说："妈妈，晚上吃完饭，我想去游乐场玩儿，可以吗？"

妈妈说："就知道玩儿，你作业写完了吗？"

孩子说："作业只有一点儿没写完，等我从游乐场玩完之后回来写，我保证能在睡觉前完成。"

妈妈却说："你玩儿起来就忘了时间，哪记得作业啊！不行，吃完饭赶紧写作业。"

你看，这位妈妈就是句句不离学习，在她心里学习永远都是第一位的，哪怕孩子向她保证，她也不愿意选择相信孩子。试问，孩子的内心会多么失落？久而久之，孩子也许会想："在妈妈心里，什么都不如学习和成绩重要，包括我的想法、心情和感受，以后我懒得向她吐露心声了。"

第三种错误：无论孩子说什么，父母只关注错误的部分。

父母还有一种错误的沟通方式是，无论孩子说什么，父母只关注错误的部分，并揪着不放，一顿批评。比如，孩子回家跟妈妈说："今天同学打我了。"妈妈几乎想都不想就问："同学为什么打你？是不是你惹同学生气了？"孩子说："妈妈，今天上学差点儿迟到了。"妈妈马上说："谁让你不早点儿起床，看你还赖床不？"

孩子每次遇到问题或困难，向你诉说的时候，如果你都给孩子消极的、带有指责性的反馈，孩子会有什么样的感受呢？相信以后孩子不会再向你倾诉了。因

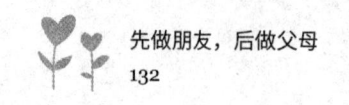

为谁也不想总是被人纠错、指责，特别是人在失落、沮丧的时候，纠错、指责会让人更加难过。

父母错误的沟通方式还有很多，但仅上面三种，就够孩子难受的。事实上，父母会不会与孩子沟通，与智商没有多大关系，与学历也没多大关系，关键在于不带情绪的接纳和倾听，这样孩子才会感受到爱，家庭教育才会更有效果。那么，在与孩子沟通时要注意什么呢？

1.先调整好情绪，再和孩子理性地沟通

相信大家都有这样的感受：心情好的时候，看孩子做什么都顺眼，就算孩子不听话，也会觉得他很可爱。但心情不好时，孩子做什么都觉得不顺眼，跟孩子沟通肯定也没好态度，逮着一点儿小过错就会狠狠批评。

其实，这都是不良情绪惹的祸，如果父母每次和孩子沟通前，能够调整好自己的情绪，然后理性地和孩子沟通，孩子就不会成为父母情绪宣泄的出口了。孩子不会被负面情绪攻击，也就不会和父母起冲突了。

2.先明确沟通目标，再进行有效的沟通

电视剧《小欢喜》中有这样一个情节：

方一凡成绩下降后，妈妈童文洁和他谈话，本想了解儿子成绩下降的原因，但一开口话锋就变成了质问："你这两个月到底怎么回事？你说你努力了，可是成绩在哪里啊？为什么分数没有提高呢？"一连串的质问让方一凡非常生气，结果他赌气撂下一句："从今天开始我不学了，大学我不考了。"

难道这是母亲童文洁想要的沟通结果吗？显然不是。之所以出现这种情况，往往是因为沟通之前没有明确沟通目标，即"找出成绩下滑的原因，沟通如何提高成绩"。因为没有沟通目标，说话的时候就会想到哪里说哪里，就容易想当然，图一时口舌之快。反之，如果事先明确了沟通目标，即思考："我想通过与孩子沟通达到什么目的？"然后围绕目标去沟通，效果往往就会有保障。

3.先处理孩子情绪，再帮孩子解决问题

当孩子情绪低落地说"妈妈，这次班干部竞选我没选上"时，很多父母的回答可能是："有什么好难过的，不就是当班干部吗，我还不稀罕呢！"或者说："没选你，证明你还不够优秀，以后还要努力呀！"

体会一下，这两句回答，能抚平孩子的失落情绪吗？答案是"不能"。第一句回答看似轻描淡写，不重视当班干部，实际上是在否定孩子的情绪。第二句回答看似是在激励孩子再努力，实际上是在否定孩子的优秀。

明智的回答应该遵循"先处理孩子的情绪，再帮孩子解决问题"这一原则，即先描述孩子的情绪，表达自己的感受，如"看到你失望的神情，我知道你落选班干部竞选一定很难过。如果是我落选，我肯定也会难过的。"说这话的时候，还可以抱一抱孩子，轻拍孩子的脑袋。这是对孩子不良情绪的最好接纳，等孩子情绪平复下来后，再来和孩子分析落选的原因，忠告孩子朝什么方向去努力。

4.多客观描述事情，少主观评判孩子

"你怎么考得这么糟糕？"

"为什么你这么不听话呢？"

"你连这么简单的事情都做不好吗？"

细品一下这些话，是不是在主观评判孩子？是不是带着指责意味？但这就是很多父母经常对孩子说的话。这种表达很容易激起孩子的逆反心理，让孩子与父母对抗起来。因此，建议父母尽量少主观评判孩子，多用客观语言描述事情、描述孩子的现状。

比如，妈妈看到孩子把玩具弄得满地都是，不要脱口而出："你怎么把地板弄得这么脏？你为什么不收拾玩具？"而要换一种方式说，比如："我看到玩具撒了一地，乱糟糟的，要不要收拾一下呀？"对比一下两种表述，是不是给人的感觉截然不同呢？

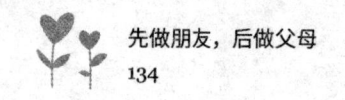

用孩子喜欢的方式去和孩子聊天

不少父母抱怨，说孩子越大越不爱和自己说话、聊天。表面上看孩子也挺听话的，但实际上他们明明有心事，就是不跟大人说。如果大人问，孩子又表现得很反感。这到底是怎么回事呢？

其实孩子不愿意跟父母说话、聊天是有原因的，除了青春期喜欢追求独立、渴望自由空间和独处，有志趣相投、无话不谈的朋友外，还有一个重要原因是不喜欢父母的说话方式。对父母的话产生了抵触心理，听到父母说话就本能地厌烦、回避。

你想知道孩子最讨厌父母哪几种聊天方式吗？下面介绍几种，看你是否中招。

1.不讲平等，动不动呵斥孩子

不少父母和孩子聊天时，当孩子聊到一些稀奇古怪的事情，或连续追问父母"为什么"，父母又答不上来时，父母就会忍不住呵斥孩子"闭嘴""你脑子里都是什么乱七八糟的""别叽叽歪歪的，吵死了"。这对好奇心强的孩子来说，显然是一种天性压制，会让孩子非常难受。久而久之，孩子就不愿意跟父母聊天了。

2.不会提问，硬生生把天聊死

聊天中，善于提问是很重要的沟通方法。问题提得好，孩子会津津乐道；问题没提好，则会扼杀孩子的表达欲，让孩子不愿意聊下去。有些父母就属于后者，经常因不会提问硬生生把天聊死。

放学回家的路上，朱女士和孩子聊天："宝贝，你在学校过得怎么样？"

孩子说："挺好的。"

"挺好的是多好啊？"朱女士又问。

"挺好的就是挺好的，我哪知道有多好。"孩子没好气地说。

"哎，你这孩子怎么说话呢？"朱女士不高兴了。

类似的问题还有"你在学校做了什么""你老师怎么样""你在学校开心吗"等。这类提问不会让人有扩展的空间，只会让聊天越聊越无聊。最后，孩子沉默了，聊天也就结束了。

3. 没有回应，聊天成自说自话

有时候父母和孩子聊天时，聊着聊着，父母就走神了，或看手机了，孩子说什么，父母就像没听到一样，没有及时做出回应。这种情况偶尔几次还好，如果父母经常不回应孩子，那么孩子就会觉得"父母不重视我""父母不在乎我"。尤其是孩子遇到伤心的事情时，如果父母不倾听、不安抚、不做任何回应，孩子肯定会很失落。

想让孩子喜欢和你聊天，就得用孩子喜欢的方式聊天。下面，我们通过一个案例，看看孩子喜欢父母用怎样的方式去聊天，有什么需要注意的问题。

有一天，胡女士带儿子逛公园，走着走着，儿子突然蹲下来观察地上的蚂蚁。胡女士站在一旁等待，可等了几分钟儿子依然没有离开的意思，她就问儿子："让我看看，你到底发现了什么新事物？"说话间，她也蹲下身来。

儿子告诉胡女士："蚂蚁军队搬迁到了新的城堡里，里面的蚂蚁只吸薯条上的水，不吃薯条。"胡女士一听，觉得挺有意思，头一次听说蚂蚁只吸薯条上的水，不吃薯条，他问儿子："那蚂蚁吃什么东西呢？蚂蚁找到食物怎么告诉同伴呢？"

儿子不假思索地说："蚂蚁找到食物会跟同伴碰一碰触角，这就是在告诉同伴。"

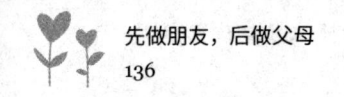

"回答正确，看样子你对蚂蚁很了解嘛！"胡女士这样赞扬儿子，并抛给儿子一个假设："假设有一只蚂蚁没有触角，找不到吃的，其他蚂蚁还欺负它，它该怎么办呢？"

这个假设给了母子一个聊天的引子，在随后10多分钟时间里，他们的对话一直围绕着如何帮助这只小蚂蚁克服困难。这个假设就像一条隐形的线，穿起了胡女士和儿子的一问一答，也维系着他们聊天的兴致和注意力。

通过这个母子聊天案例，我们可以获得哪些启发呢？

1.带着好奇心提问

作为父母，你肯定想了解孩子的一切，那么在提问的时候，一定别忘了带上你的好奇心。好奇意味着真正的关心，意味着真正的感兴趣，绝非敷衍式随口一问。你是否真的关心孩子，是否真的感兴趣，从你的语气、表情和肢体语言等方面是可以看出来的。孩子虽然年幼，可能并不懂得察言观色，但他们的感觉系统却是敏感的，能够感知你提问背后的真实心理。

举个简单的例子，孩子在房间里专注地制作一个工艺品，你过去问他："你在做什么呢？这么认真？"和你在孩子放学回家时，问他："今天在学校过得开心吗？"这两种提问的语气肯定是不一样的。当孩子感到你真的关心他，真的对他的事情感兴趣时，他肯定会乐于分享，肯定愿意和你聊天。

2.在不经意间赞扬

和孩子聊天的过程中，你需要不断地肯定、赞扬孩子的精彩言论，这对孩子是极大的认可，能够激发孩子的思考力、表达欲，鼓励孩子继续和你聊下去。赞扬孩子的时候不需要你刻意而为，因为那样反而显得不够真实，而且孩子听多了这样的赞扬，会形成"免疫力"，赞扬就失去了作用。

那么，怎样才能在不经意间给孩子赞扬呢？其实，你只需针对孩子的回答做出积极的评价，而不需要那种大而空的赞美，如"你真棒""你好厉害""你太了不起了"。在上文案例中，胡女士在不经意间肯定了儿子关于"蚂蚁找到食物怎么告诉同伴"这一问题的回答，同时外加一句简单的评价"看样子你对蚂蚁很了解嘛"，相信孩子听了这句评价内心会感到自豪。

3.拿出夸张的表情

有人说，孩子是天生的幽默大师，他们都喜欢父母夸张的表情，并会因为父母开心的表情而感到无比开心。因此，在与孩子聊天过程中，当你听到新奇的观点、罕见的经历、有趣的故事时，不妨用夸张的表情做出回应。"哇塞，真的吗？太不可思议了，你们是怎么做到的？""我的天啊，我从来没见过这么有趣的事情，你可不可以给我讲一讲经过？"当你用夸张的表情配上这样的言语时，相信孩子会为之兴奋，然后兴致勃勃地给你讲个不停。

聊天过程中，父母还可以适当和孩子发生肢体接触，比如，握握他的手，摸摸他的头，顺顺他的头发，拍拍他的背，和孩子击掌等，这些肢体接触在聊天时可以产生非常积极的效果。

4.多提启发性问题

想和孩子来一次深度对话吗？那很大程度上要看你如何引导，如果你善于提启发性问题，那么你和孩子的聊天就会越来越深入。

元旦快到了，老师安排学生放学回家后制作新年贺卡。女生佳佳觉得很无聊，因为她以前做过这类贺卡。妈妈察觉到女儿的心理，对她说："宝贝，妈妈也觉得每年都做一样的贺卡很无聊，那我们能不能想办法做个不一样的呢？或者想一想用别的方式来表达祝福？"佳佳听到这个问题后，开始动脑思考，然后和妈妈聊了很多制作贺卡的创意。

你看，这就是启发性问题带来的效果，它可以让孩子的眼睛变得有神，让孩子的思想变得深刻，能够激发孩子的创造力，促进亲子沟通更加深入。

平时和孩子聊天时，你可以针对聊天内容，随机提出启发性问题，比如孩子聊到上学路上发生的一起交通事故，你在听完他的讲述后，可以问他："如果你们班同学发生了交通事故，你会怎么办？""你觉得怎样避免类似的交通事故？"用这样的问题提问，可以启发孩子去思考。

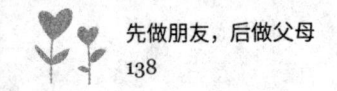

共情，站在孩子的角度思考问题

国际非暴力沟通中心创始人马歇尔·卢森堡在《非暴力沟通》一书里说："大多数暴力的根源，在于我们忽视了彼此的感受和需要，而将冲突归咎于对方。"当父母看到孩子哭闹着撒泼打滚时，总想吼叫："别哭了。"但如果懂得共情，站在孩子的角度思考问题，也许就不会觉得孩子是在无理取闹了，而是会明白他只是在寻求爱与关注。

在与孩子相处的过程中，共情是一种非常科学的情绪疏导方法，也是一种非常有效的沟通方法。所谓共情，就是运用同理心去看问题，去感受孩子的感受，思考孩子的遭遇和处境。这样才能真正做到换位思考。

说到共情，很多父母可能会说"我知道"，但真的知道共情的内涵以及"共情"的正确方法吗？这恐怕就要打个大问号了。生活中，很多父母与孩子共情时存在误区：

误区1：把共情当作比惨

很多父母在倾听孩子诉苦时，会说自己"比较惨"的事情。例如，"你这点儿小挫折算什么，我小时候比你惨多了……"这话听起来似乎会让孩子好受些，但实际上孩子会觉得自己的痛苦并没有被父母理解，从而心情会更糟糕。

曾有一个针对"比惨"的实验，调查人们听到对方比自己更惨时内心的感受。结果显示，大部分实验者觉得明明是在说自己的感受，却被对方忽视，成了听对方诉说他的感受。实验证明，"比惨"的时候孩子会感觉到不平等，大人居高临下地轻描淡写，关注的焦点也不在孩子身上，所以很难帮孩子疏导情绪。

误区2：把共情当作纵容

有些父母认为共情就是要让孩子表达情绪，不能呵斥孩子"不准哭""不准发脾气"。这个想法虽然有一定的道理，但实施起来却成了纵容孩子发脾气、摔东西。事实上，共情是接纳孩子的情绪，不是让孩子肆意宣泄情绪，更不是让孩子为所欲为，因为有些行为会伤害孩子或他人，父母必须加以制止。

误区3：共情不是讲道理

中国父母大都喜欢讲道理，理由是"为了孩子好"。但有人说，感情中最不讲道理的就是讲道理。这个观点放在家庭教育上，其实并不难理解。因为当孩子情绪不好时，你给他讲道理，孩子只会觉得你不理解他，不顾他的感受，他的情绪会更低落。

误区4：共情不是给建议

有时候父母见孩子不开心，得知原因后，马上想到给孩子提建议，或帮孩子解决问题，以为这样孩子就会开心。比如，孩子做手工失败了，很伤心，父母直接帮孩子做一个手工，或建议孩子应该怎么做手工，孩子会有什么反应呢？我们可以通过一个小例子，来回答这个问题。生活中可能发生过这样的事情，孩子的冰激凌掉在地上了，孩子伤心地哭了，即使父母重新给孩子买一个，孩子还会继续哭。为什么呢？因为孩子首先需要的是情绪释放以及安抚和被接纳，并不是立即解决问题。

了解以上四种错误的共情方法后，相信大家对正确运用共情也有了基本的了解。那么，应该怎样正确运用共情呢？

1.接纳孩子的情绪和感受

当发现孩子情绪不佳时，我们首先要接纳孩子的情绪和感受，不要急着否定或评价孩子的情绪体验，将自己的想法强加给孩子，这不是真正的理解孩子，也无法安抚孩子的情绪。

比如，孩子说："上手工课真无聊，我再也不想上手工课了。"如果妈妈说："上手工课多有趣啊，一点也不无聊啊！"那么孩子会感到妈妈不理解自己，这

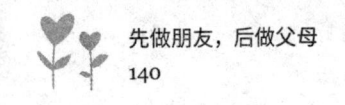

样就聊不下去了。要知道，孩子在表达情绪的时候，并不希望父母否定、评价他的感受。作为父母，只需接纳孩子的情绪和感受就可以了。比如，可以这样回答孩子："手工课原来很无聊啊，是什么让你觉得手工课无聊呢？"这样可以引导孩子宣泄情绪。

2.引导孩子合理宣泄情绪

当你认同了孩子的情绪表达后，接下来你要做的就是引导孩子合理宣泄情绪。通过有价值的提问，让孩子说出更多实情，孩子倾诉得越多，情绪宣泄得就越多，心情也越容易平复下来。当孩子宣泄情绪时，你需要在一旁静静地陪着，用眼神和孩子交流，也可以适当和孩子进行肢体接触，如抱一抱孩子，拍一拍孩子的肩膀等。

3.体会孩子的感受和需求

当孩子宣泄情绪或向你倾诉时，你要耐心倾听，仔细体会孩子的感受和需求，了解孩子所面临的问题，而不要从孩子的话中找错误、找问题。只有做到这一点，孩子才愿意聊下去，孩子的情绪才能慢慢平复。

比如，孩子对妈妈说："都8点多了，我还有两门功课的作业没做，怎么办啊？"妈妈说："孩子，你是不是感觉很着急？这么晚了还有两门功课的作业没完成，你很担心影响睡觉时间，是吗？你希望妈妈帮你想办法，是不是？"孩子听到妈妈这样说，心里一定会觉得很温暖。反之，如果妈妈说："谁叫你不早点儿写作业，放学回家就知道玩儿，现在好了吧，我有什么办法？"那么，孩子的感受会如何呢？

4.帮孩子回顾所发生的事

当孩子的哭声由强变弱，孩子由皱眉头到表情放松，孩子踢打枕头的力气由强变弱时，说明孩子的情绪宣泄得差不多了，这时可以帮孩子回顾一下所发生的事情。

有一次，媛媛和表姐一起做灯笼，她失败了，奶奶说她"做事积极，要求完美，但是不如表姐认真"，然后她就哭着跑进了房间。媛媛爸爸以为她做灯笼失败了才哭的，但细心的妈妈觉得另有原因。在媛媛情绪平复后，她问媛媛为什么哭，媛媛说："奶奶一直说表姐做得好，说我不认真，我很不开心。"

从这件事中我们可以看出，帮孩子回顾所发生的事是很有必要的，可以帮我们更好地了解事情的全过程，了解孩子情绪不佳的原因。在回顾的时候，必须找到导致孩子情绪变坏的具体话语和具体细节，这样才能真正帮助孩子平复情绪。

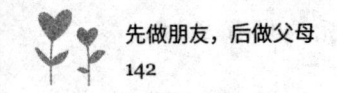

接纳孩子的情绪，他才会说出心里话

在我们身边，见过很多这样的场景：孩子明明已经很伤心了，父母依然不管不顾、劈头盖脸地训斥孩子。孩子也想反抗，但见父母嗓门越来越大，火气越来越大，被吓得慢慢没了声音，内心的情绪也被压抑了下去。长此以往，孩子就很容易变成一个"不懂事"的孩子，因为他正常的情绪没有被接纳，甚至没有机会去表达，而是被父母的责骂压制着，长此以往，孩子内心将会产生很大的心理压力，他甚至会因此关闭自己的心扉。这就像一颗要发芽的种子，被大石头无情地阻挡着，也就很难长成参天大树。

一位13岁时曾离家出走的女孩说："我和妈妈的关系已经到了不说话的地步，即使很平常的一件小事我也不愿意和她交谈。比如，第二天要考试，我头天晚上告诉她我对考试的担忧，她不会安慰我，只会指责我平时不好好学习。这些话会让我很焦虑，会让我心情更糟糕……所以，我有心事只能装在心里，一个人扛。"

经常有父母抱怨孩子不愿意跟他们说心里话，可他们是否想过：为什么孩子对他们惜字如金？可能曾经有很多次，孩子都主动向父母敞开心扉，只不过麻木的父母不懂孩子的心，没有接纳孩子的情绪，所以孩子才拒绝和父母交心。如果父母懂得接纳孩子的情绪，结果将会大不一样。

有一次，7岁的轩轩感冒发烧了，妈妈带他去医院，医生检查后要给他打针。就在护士做准备工作的时候，轩轩突然挣脱妈妈的手跑了出去。妈妈追上他，问："你是不是害怕打针？"轩轩使劲地点头。妈妈抱住轩轩，安慰道："打针确实有一点儿疼，但作为小男子汉，这点疼是可以忍受的，就像前几天你摔跤的时候，会有一点儿疼，但当你站起来以后就不怎么疼了，对不对？"轩轩点了点头，但还是不愿意跟妈妈去医护室。

"轩轩，你还有什么顾虑吗？有的话可以告诉妈妈。"

"刚才我看到前面那个哥哥打针就哭了，我觉得可能不只一点儿疼，应该会很疼的。"轩轩怯怯地说。

"小时候我打针的时候，也有很大的恐惧心理，因为我不知道，那一点儿疼到底有多疼。但是，后来妈妈克服了内心的恐惧，发现真的只有一点儿疼，完全没有想象中那么可怕。如果不试一试，怎么知道呢？"妈妈耐心地引导。

最后轩轩同意去打针了。因为有充分的心理准备，打针的时候他竟然一声都没哭，打完后，他还笑着对妈妈说："真的不怎么疼。"

伴随着孩子成长，他们总有这样那样的情绪，他们有时会把情绪装在心里，有时会把情绪表达出来。但是无一例外，这种情况下他们最需要的是父母的理解、接纳、认同、安慰和鼓励。当孩子犯错时、失败时、难受时、被人误会时，父母要学会理解他的心情，接纳他的情绪，告诉他："爸爸妈妈曾经也有这种经历，也非常难受。"然后你会发现，孩子非常愿意和你谈心。

孩子小时候，父母怎么对待他的情绪，他长大后也会怎样对待父母的情绪，甚至会这样对待他们的子女的情绪。很多时候，父母不敢承认和面对自己的情绪，有时甚至无法准确地描述自己的内心感受。对待孩子也是如此，为他们加油鼓劲的时候多，蹲下来感受他们喜怒哀乐的时候少。当孩子遇到困难时，父母第一时间想到的是如何解决问题，而不是理解和接纳孩子的情绪，告诉他："你的感觉没有错，这些情绪是正常的。"事实上，如果孩子得到了理解和接纳，他们会获得强烈的安全感，也愿意打开心扉，更愿意听父母的话。

那么，父母怎样做才能让孩子感受到自己的情绪被接纳呢？

1.拥抱孩子,给孩子"安全感"

当孩子出现不良情绪时,你首先要做的是给孩子一个爱的拥抱,摸摸孩子的头,拍拍孩子的肩膀,用你的肢体语言告诉孩子:"爸爸妈妈爱你,有爸爸妈妈在,你不会有事的。"这样会让孩子获得安全感,有助于平复不良情绪。

2.引导孩子自由地表达情绪

在拥抱孩子后,你可以尝试引导孩子表达情绪、讲述事情的经过,比如:

"孩子,你可以把这事讲给我听吗?"

"我想听听这件事情。"

"你现在有什么想法呢?说说看。"

"这事你愿意谈谈吗?咱们一起讨论吧。"

"我想听听你的想法。"

当孩子感受到父母的接纳和关心时,他会受到鼓舞,也愿意敞开沟通之门,一股脑儿地说出他的感受和想法。

3.替孩子说出内心的感受

如果孩子不愿意表达自己的情绪,不想说出自己的感受,你可以尝试替孩子说出内心的感受。比如,孩子摔倒后哭个不停,你拥抱孩子,安抚孩子的情绪后,可以说:"我想你肯定是摔疼了才哭的,对吧?刚才看你摔得确实挺严重的,妈妈也很担心你,不过我检查了一下你的伤情,只是有点擦伤,不是很严重的,你不必太担心。"只要你替孩子描述的感受符合孩子的内心情况,孩子就会感受到被理解和接纳,情绪会快速平复下来。

听孩子把话说完，不要打断他

和朋友、同事、亲戚交谈时被频频打断，导致思路受阻，甚至连自己想说什么都忘了。这种心情想必很多人都体会过，一来觉得自己不被尊重，二来自己的观点没有表达出来，心里感到憋屈。

同样，孩子说话时如果被打断，他们也会有同样的感受。相比于成人，孩子的表达能力有限，一旦被打断，注意力就会分散，自信心也会受影响，甚至会产生自卑的感觉。

综艺节目《金牌调解》中有这样一期内容，讲的是父亲特别喜欢打断孩子说话的事儿。儿子来到调解现场，态度非常诚恳，他想通过这个机会改善和父亲的关系。可是在交谈过程中，父亲看待儿子总是一脸不顺眼的样子，频频打断儿子说话，致使儿子无法表达内心的想法。据儿子讲述，父亲在生活中也是这种沟通模式。

总是打断孩子说话，就是不让孩子好好说话，就是不让孩子自由表达，这说明亲子关系是不平等的，这样做对孩子也是不公平的，甚至对孩子是一种伤害。如果一个孩子连话语权都没有，长期被压抑、被轻视，就很容易变得自卑、自轻，甚至无法和其他人正常交流。

其实很多时候，哪怕父母多给孩子一分钟，让孩子把话说完，结果可能就会完全不同。泰国公益短片《妈妈先别着急骂孩子》中，讲述了一个值得全天下父母深思的故事。

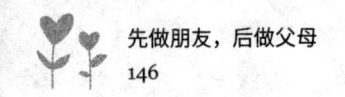

放学后，几个身上脏兮兮的男孩跑向学校门口接他们回家的妈妈，妈妈们纷纷表现出惊讶的神情，有些妈妈甚至马上就要发脾气了。但幸运的是，她们给了孩子解释的机会，几分钟后，原本一脸嫌弃的妈妈们感动地快要掉下眼泪了。

原来，这些孩子路过学校里的草坪时，看见一位老爷爷的车子陷入了淤泥里，于是纷纷过去帮忙，最后他们帮老爷爷把车子上的东西搬下来，才把车子拉出了泥潭，所以才弄得身上脏兮兮的。

短片里的妈妈们给了孩子解释的机会，可现实生活中，很多父母不会这么做。有多少父母，不先去了解事情真相，就骂孩子一顿的，等事后知道真相后，又心怀愧疚，后悔没有给孩子时间解释。

有个妈妈买了一些橘子回家，女儿看到后拿起几个橘子闻了闻，剥开这个橘子尝几瓣，剥开那个橘子尝几瓣。妈妈非常生气地说：“你干吗浪费啊，太不懂事了！”

女儿说：“妈妈，不是这样子的……”

妈妈说：“那是什么样子，你为什么这么做？”

女儿说：“妈妈，我只是想……”

妈妈说：“你尝尝这个，尝尝那个，让人家怎么吃？”

这时女儿哭着说：“妈妈，我想尝一尝哪个更甜一点儿，把最甜的给你。”听到这句话，妈妈非常惭愧，后悔自己没有听孩子把话说完。

生活中，这样的例子屡见不鲜。孩子本来津津有味地说着，父母却不由分说地打断孩子，或主观地臆断孩子的意思，对孩子的行为做出批评，或自以为是地说"好了，我已经知道了"。试问，听到这话，孩子会有怎样的感想呢？孩子会觉得父母不喜欢听他说话，觉得父母不喜欢他，觉得父母不信任他。

从某种角度上来说，听孩子把话说完，不轻易打断孩子，是对孩子的尊重，也是爱孩子的一种表现，还是父母最基本的修养。几分钟的时间，就能给孩子一个表达自己的机会，也给父母一个重新认识孩子的机会。如果你真为孩子好，请听孩子把话说完，即使孩子错得离谱，也不要打断他。

父母不应该总想着让孩子听话，而应该学会听孩子说话。每位父母都说自己很爱孩子，可耐心听孩子把话说完的又有几位？虽然父母的见识、阅历、知识比孩子多得多，但也不要居高临下地俯视孩子，而要公平、平等地对待孩子。

1.别着急，让孩子慢慢说

孩子的语言表达能力尚不健全，有时候他们会词不达意；有时候说话啰里啰嗦找不到重点；还有时候他们害怕被父母打断，说话的时候可能会紧张、着急，这更不利于他们把事情说清楚。面对这些情况，父母可以对孩子说："别着急，慢慢说，我会耐心听你说。"这样说对孩子是一种鼓励，能让孩子感受到父母的爱，从而更有信心去表达。

当然，"别着急"也是在提醒父母，不要随意打断孩子，也不要不耐烦地催促孩子。在倾听孩子说话时，要放下手中的事情，与孩子保持眼神交流，及时用"哦，是吗""真的呀""不会吧""后来呢"等话语回应孩子，让孩子感到你是真的在认真听。

2.勿批评，先把原因搞清楚

在日常生活中，当父母听到孩子奇怪的言论，或发现孩子的不良行为时，切勿想当然地推测孩子这样说或这样做的动机，然后主观地做出评判，甚至粗暴地批评孩子。

妈妈早上特意给孩子做了鲜虾面，可是当孩子吃完饭时，妈妈发现碗里还剩了几只大虾。于是，妈妈对孩子说："我起那么早，辛苦给你做了这碗面，还把虾皮给你剥掉，你怎么不吃完呢？你这孩子真不懂事！"

这时，孩子委屈地说："妈妈，我知道你很辛苦，所以我特意留了几只虾给你吃啊。"

妈妈听完孩子的话，顿时为自己刚才的贸然指责感到后悔。

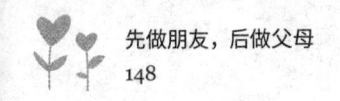

作为父母，在不了解实际情况的时候，切勿轻易下结论，更不能想当然地批评孩子。明智的做法是，向孩子了解实情，耐心听孩子讲完前因后果。即使你判断出孩子真的做错了，也不要急于下结论，而要选择暂时做一个忠实的倾听者，因为这是对孩子最好的尊重。

3.共探讨，引导孩子去思考

当孩子说完后，父母可以和孩子再确认一下："你说完了吗？"如果孩子表示说完了，父母才可以表达自己的观点和看法，和孩子一起探讨如何看待这个问题，如何看待这件事，并引导孩子思考："下次遇到这种情况应该怎么办？"这样才能引导孩子从经历中获取经验，帮助孩子更好地成长。

无论孩子说什么，都不要敷衍他

做父母的都知道，孩子的大脑里藏着"十万个为什么"，他们对这个新奇的世界怀有太多的好奇和疑问。面对孩子时而深奥、时而另类、时而不着边际的发问，父母难免会力不从心，慢慢的就会疲于应付；面对孩子提出的要求、请求，父母难免会随意敷衍、糊弄，甚至是直接拒绝、斥责。例如：

孩子："为什么白天有太阳，晚上没有太阳？"
妈妈："有太阳才叫白天，没太阳才叫黑夜嘛！"
孩子："为什么有时候没有太阳，也是白天，比如阴天？"
妈妈："哪来那么多'为什么'，白天就是白天，黑夜就是黑夜，就这么简单。"

再比如：
孩子想让妈妈带他去公园，妈妈随口应付一句："今天妈妈没时间，下次再带你去。"
孩子："下次是什么时候？"
妈妈："下次就是妈妈不忙的时候！"
孩子："妈妈不忙的时候是什么时候？"
妈妈："你有完没完，找你爸爸去，别烦我。"

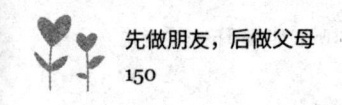

在日常生活中，父母对孩子的敷衍、糊弄随处可见。时间久了，孩子就真的不会来"打扰"父母了，下次再有什么奇思妙想，也不会来"麻烦"父母了。到时候，你真的"清闲"了。不要以为孩子年纪小，什么都不懂，其实你敷衍、糊弄他，他心里非常清楚。

有个一年级孩子暑假闲得无聊，于是跟妈妈说："妈妈，我想上学了，在家太无聊。"

妈妈说："好啊，明天带你去！"

"明天还没开学吧，要到9月1日才开学呢！"孩子疑惑地说。

妈妈本想着敷衍孩子，没想到孩子很清楚什么时候开学。因此，她只好说："是的，明天还没开学。"

孩子说："那你为什么说明天带我去上学？"

妈妈无言以对。

经常敷衍、糊弄孩子，会让孩子觉得父母不重视自己的想法和感受，让孩子产生一种失落感，也让父母错过与孩子深入交流的机会，从而影响亲子关系。敷衍、糊弄还容易打击孩子的好奇心，让孩子错过学习的机会，而且会让孩子产生挫败感，打击孩子求知的积极性。试问，这真是你想要的结果吗？

每个家长都希望孩子在成长的道路上不断探索、不断进步，掌握更多的知识。因此，面对孩子说的话、提的问题和要求，父母应该重视起来，认真应对，而不能敷衍、糊弄。

1. 面对孩子的提问，只要能够解答，都应该认真解答

儿童时期的家庭教育重点，就是发展孩子的好奇心，激发孩子的想象力。因为这一时期孩子的好奇心强烈，求知欲旺盛，经常会提出一些深奥的问题。对于孩子的提问，只要父母能够解答，都应该认真解答，以此满足孩子的好奇心，培养孩子的兴趣，帮孩子了解、掌握更多知识。

第6章 如何说孩子才肯听，如何听孩子才肯说

核物理学家陈佳洱小时候，有一次打雷，他吓得躲到父亲的房间。父亲问他为什么害怕打雷，他说："邻居奶奶说打雷是雷公要劈死不孝子。"父亲笑着说："不是那样的。"还特意给他做了一个实验：

父亲找来一个玻璃板搁在书上面，然后在积木上包了一块绸布，再在玻璃板下放几个剪好的小纸人。当绸布与玻璃不断摩擦时，玻璃就带电了，然后把纸人吸了上来。当正负电中和了后，纸人就会掉下去。只要不停地摩擦，纸人就会不停地跳动。父亲用这个实验解答了儿子心中的困惑。父亲还给陈佳洱讲摩擦起电、磁感应发电以及电的用处，还带他去看《发明大王爱迪生》《居里夫人传》等电影，以此培养起他对科学的兴趣。

在拒绝敷衍孩子方面，陈佳洱父亲的做法堪称典范。当然，这与父亲的知识面广博有很大关系，对于普通家长而言，可能面对孩子所提的深奥问题、奇怪问题，无从解答。这时候又该怎么办呢？对于这个问题，青少年教育专家孙云晓是这样建议大家的：

"首先家长自己要做功课，先给自己科普，提高自身的科学素养。当家长不具备相应的知识和能力时，最好的方法是和孩子一起查书、找资料，一起寻找答案，把提问的过程变成探索的过程，这是每个家长都能做到的。"他提醒家长不要用低水平的回答敷衍孩子，以免埋没孩子的好奇心、探索欲望。

2.面对孩子的请求，只要合情合理，都应该努力满足

生活中，孩子除了喜欢提千奇百怪的问题，还经常会向父母提出这样那样的请求，比如，想买个玩具，想去游乐园玩，想看电影，想学习手工制作等。只要这些请求合情合理，对孩子有益，父母都应该尽力满足。不要不把孩子的请求当回事，随意敷衍孩子，或嘴上答应孩子，但是不兑现承诺。要知道，这种敷衍的态度会潜移默化地影响孩子的认知，也会影响亲子关系。

比如，"六一"儿童节那天，孩子想去游乐园玩。这个要求合情合理，如果父母有时间，就应该带孩子去游乐园玩一玩，让孩子释放自己的天性，开心地度过属于他的节日。再比如，孩子想学习滑旱冰、学习游泳，而父母也有时间陪孩

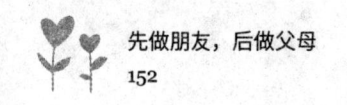

子，有能力教孩子，那就应当满足孩子。如果连这些正常的请求都不满足孩子，又谈什么爱孩子呢？

3.面对孩子的抱怨，鼓励孩子讲述，教孩子应对方法

有时候孩子会向父母抱怨一些不如意的事情，比如，孩子与同伴吵架了，回家后向父母倾诉。有些父母可能会轻描淡写地说："这点儿小事，有什么大不了的！"甚至当孩子倾诉自己的心情时，他们不会认真听，而是接着忙手里的事情。有些父母甚至会指责孩子："肯定是你先欺负了别人！""我跟你说过多少次，叫你在外面不要惹是生非，你怎么不听呢？"这样的指责会让孩子觉得父母一点儿也不重视自己的感受。

正确的做法是，从问一些简单的问题着手，了解孩子与同伴吵架的全过程及细节，让孩子感觉到自己被理解了。了解完事情的经过后，客观地评价这件事，评价孩子和他同伴的行为，最后引导孩子思考："以后遇到这种情况你应该怎么处理？"这样可以提高孩子解决问题的能力。

4.面对孩子的亮点，要认真地表扬，让孩子看到诚意

当孩子在学校获得表扬，或某件事做得较为出色时，他们最想第一时间和父母分享自己的快乐，让父母为自己感到高兴。这时父母千万别用不上心的赞美敷衍孩子，如"你最棒了""你太了不起了""你最能干了"。因为这些赞美太空泛，不但体现不出父母的诚意，对孩子也起不到积极的效果。

当然，夸大地表扬孩子也不妥当。心理学家做过一项调查发现：父母盲目夸大地表扬孩子，容易让孩子产生自我怀疑，当他下次遭遇挫折时就容易变得不自信。所以，只有恰如其分的表扬，才会对孩子起到激励作用。比如可以这样夸奖孩子，"你这幅画很有创意，看得出来你画得很用心。""这件事你做得很对，这说明你很有责任心。"这种符合事实的夸奖会让孩子更开心。

第7章
不打、不骂、不动气的温暖教养法

生活中，很多父母因孩子叛逆而抓狂，比如孩子不听话，凡事和父母对着干，经常挑战父母的权威和耐心。有些孩子情绪化、固执己见、粗鲁无礼。父母试过唠叨、说教，也试过惩罚、打骂，但似乎都没有效果。面对这些情况，父母不妨试试温暖教养法——不打、不骂、不动气，用温和的态度引导孩子。

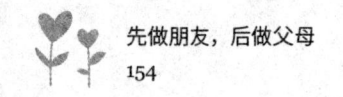

越打骂，孩子越叛逆

老话说："不打不成器。""棍棒底下出孝子。"在这种思想的影响下，当孩子犯错误时，家长很容易怒不可遏，对孩子非打即骂。可结果往往事与愿违，很多家长反映，孩子是越打越不听话，越打越叛逆。为什么会这样呢？

其实很容易理解，试着站在孩子的角度想一想：面对打骂时孩子的内心反应是怎样的？孩子会紧张，大脑会自动开启"逃生模式"，他所有的注意力都放在如何逃过此"劫"上，父母讲了什么，他根本不会入心、入脑。长此以往，孩子对父母的打骂就会产生"抗体"——无论父母说什么，孩子都会充耳不闻，因为他习以为常了。

现实生活中，我们可以看到那些经常被父母大声训斥，甚至被打骂的孩子，对训斥的适应能力非常强。然而这种情况下，父母并没有反思自己的教育方式，而是更加严厉地训斥孩子，导致孩子越来越叛逆。显然，打骂教育是没有效果的。

美国发展心理学家伊丽莎白·格肖夫博士，毕生都在研究儿童体罚教育，她的研究成果被认为是这一领域最权威的。她经过整合分析发现，体罚唯一的优点是让孩子马上服从，但遗憾的是不能保证孩子长期服从。

很多父母反映，孩子被打骂后没多久，还会出现类似的问题。更糟糕的是，格肖夫研究发现体罚还会导致孩子出现诸多不良后果，包括越来越频繁的攻击行为、犯罪、吸毒、精神问题等。打骂还会导致孩子情商降低，精神健康等问题也会大幅度增加。所以，打骂无法教会孩子正确的行为。

另外，打骂只会让孩子越来越相信自己是个坏孩子，并将更多的注意力放在逃避被抓住、被打骂上。尽管父母打骂孩子，但是孩子依然知道父母爱他，可这并不能改变孩子受伤害的事实。而且随着孩子年龄的不断增长，他的破坏性会越来越强，这意味着父母也越来越难管教他。

事实上，想要孩子听话、服从指导，靠的不是威胁、恐吓、打骂。其实，孩子和父母之间有着天然的深厚感情，每个孩子的内心都非常希望做出正确的事情，让父母高兴，让父母以自己为傲。只是孩子对很多事情还不能准确地分清是非对错，需要父母给予温和的指导和教育。因此，父母务必要放弃打骂的教养方式，与孩子多一点儿沟通，对孩子多一点儿耐心引导，相信孩子不会让你失望的。

1.保持耐心，让孩子把话说完

不管发生了什么事，父母都应坚守一个原则：事情没弄清楚前，不要急着给问题定性，更不要劈头盖脸地骂孩子一通、打孩子一顿。正确的做法是，冷静下来问孩子："发生了什么事情？"让孩子带你去了解事情的原委。当孩子有机会说话时，即使他真的有错，也会因为你给他机会解释而心甘情愿认错。

2.放下身段，与孩子友好协商

很多家长喜欢在孩子面前保持威严，习惯用强硬的态度命令孩子做这做那，比如，父母对孩子说："赶紧去做作业！听见没？"这样做很容易让孩子产生逆反心理，导致孩子不愿意配合父母。如果父母放下身段，不再居高临下、盛气凌人，不再用命令的口吻对待孩子，而是与孩子友好协商，结果会怎样呢？比如，父母对孩子说："宝贝，吃完晚饭后是学习时间，要不你写作业，妈妈看书，咱们一起学习？"这样对孩子说话，孩子能够感受到父母的尊重，也愿意与父母协商并配合父母。

3.放下强硬态度，给孩子新选择

当孩子不愿意听从你的安排，不愿意按你的意思行事时，不要强硬地对孩子说："不可以。""你必须……"而要试着给孩子一个更好的选择。比如，当孩子想在沙发上跳来跳去时，你正好有事需要思考，想要安静一点儿的环境，这时你不要对孩子说："不许跳来跳去。""别吵了，给我安静点儿。"你可以说："请你去卧室的床上跳可以吗？""15分钟后你再跳可以吗？因为妈妈现在需要安静地把事情处理完。""你现在安静点儿，等我把事情处理完，带你去公园的草地上跳可以吗？"当你给孩子提供更好的选择时，相信孩子会非常愿意听你的。

4.善用提问，引导孩子思考

当孩子执意要做一件事，而这件事在父母看来是错的，且会造成不良后果时，父母可以巧妙运用提问的方式，引导孩子去思考。比如，孩子想和同伴去河里游泳，父母可以对他说：

"河水多深，你知道吗？"

孩子说："不知道。"

"河里有没有树枝？有没有玻璃碴？会不会有吸血虫？"

孩子说："不知道，也许有吧！"

"是的，万一你不小心踩到玻璃碴，或被吸血虫叮咬，会有什么后果？"

"我的脚会被扎破，我会生病的。"

"是的，你愿意看到这样的结果吗？"

"当然不愿意。"

"更严重的是，河水湍急，万一不慎呛水或被水冲走，会有什么结果呢？"

"可能上不来，最后被淹死。"孩子有点怕了。

"对呀，所以在野外的河流里游泳是很危险的，妈妈建议你去游泳池游泳，如果你愿意的话，还可以邀请爸爸一起去，你觉得这样好不好？"

当你学会运用提问引导孩子时，你会发现教育孩子其实很简单，让孩子乖乖听话也很简单。提问是为了帮孩子理清思路，认清每一种行为背后可能的结果，让孩子明白行为的对错。经常这样引导孩子，你会发现孩子会变得越来越懂事。

你大吼大叫，就是在教孩子大吼大叫

教育孩子的方法多种多样，有些方法能教出优秀的孩子，而有些方法对孩子的成长百害而无一利。说到有害教育方法，就不得不提"大吼大叫"的教育方式。几乎每个家长都用过这种方法教育孩子，而且还为它立竿见影的效果自鸣得意。

有一次，湘湘去同事玉姐家有点儿事，结果开门就碰见玉姐对8岁的儿子果果大吼大叫。只见果果耷拉着脑袋、畏缩着肩膀，看起来挺可怜。湘湘连忙上前劝阻，并告诉玉姐大吼大叫的教育方式会给孩子造成严重的不良影响。

没想到玉姐叹了口气，不以为然地说："哪有什么教育方式是只有利没有弊的？我也不想大吼大叫啊，可是这孩子太调皮了，总是惹我生气，我实在是气急了，才对他大吼大叫的，我觉得大吼大叫一通，心里挺舒畅，而且吼他几句他马上就变乖了。"

湘湘说："当时是变乖了，可是能乖多久呢？"

玉姐尴尬地笑道："乖一会儿又开始调皮了。"

……

几乎每个家长都知道，大吼大叫的方式并不能彻底根治孩子的问题，可为什么他们还用这一招呢？其实，这恰恰显示了父母在教育孩子方面的无能为力。吼

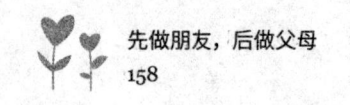

叫不仅无法体现父母的权威性，还会对孩子的性格培养产生负面影响。具体来说，吼叫对孩子有以下几点危害：

1.吼叫会使孩子出现诸多心理问题。

大吼大叫看起来不像是一种可能构成虐待的行为，但实际上它也是一种变相的虐待。因为对孩子大吼大叫和虐待孩子的身体一样糟糕，有时甚至更糟。经常对孩子大吼大叫，很容易导致孩子出现恐惧、焦虑、失眠、抑郁等心理问题，还会影响孩子的学业、社交、情商发展以及抗挫折能力。

2.吼叫会导致孩子变得越来越不自信。

想想小时候，面对父母或老师的吼叫时，我们的心情是怎样的？同理，经常被吼叫的孩子，自信心会逐渐丧失，觉得自己做什么都不行，做什么都是错的，以后做事就容易变得畏手畏脚，为人就容易变得胆怯、懦弱。

3.父母情绪失控，容易让孩子学会乱发脾气。

父母的怒吼和不可理喻的大叫是一种典型的情绪失控，对于孩子来说是一种负面的示范。大家都知道，父母是孩子的第一任老师，父母行为的好坏都会影响到孩子。如果父母经常在孩子面前大吼大叫，久而久之，孩子也会在潜移默化中学会乱发脾气。

4.吼叫会导致孩子性格变得非常叛逆。

一个长期被父母吼叫的孩子，在年纪尚小时可能会选择沉默不语，选择压抑自己，而向父母妥协，但当他的负面情绪积压到一定程度时，终究有一天会像火山一样爆发。尤其是当孩子进入青春叛逆期后，很可能直接与父母对着干，父母越吼叫，他越不听，甚至摔门而去或离家出走。

5.吼叫会严重影响亲子关系。

父母与孩子有着天生的血缘关系和亲情关系，但如果父母动不动就对孩子大吼大叫，长期下去难免会影响亲子关系。最常见的表现就是，孩子不再与父母亲近，不再跟父母说心里话。特别是到了青春期，孩子可能会与父母形同陌路，每天回到家，就钻进自己房间，反锁起房门，任何事情都不跟父母讲。试问，这是你希望看到的吗？

教育孩子是要讲究方法的，批评孩子也要讲究艺术。动辄勃然大怒，大吼大叫，绝非教育孩子的良策。因此，父母应该赶紧改变这种教育方式。

1.先管好自己的情绪，再教育孩子

身为父母，在教育孩子时一定要心平气和，不急不躁。要先管理好自己的情绪，再教育孩子。如果做不到这一点，就很容易不由自主地对孩子大吼大叫，把孩子当成出气筒。

这天晚上，爸爸负责监督豆豆学习。他发现：豆豆在背诵古诗时，背得不太流畅；豆豆在默写生词时，出现了几个错误；豆豆在做加减法时，有几道题做不出来。这让爸爸感到很失望，他忍不住呵斥豆豆，说着说着嗓门不由地抬高了："这么简单的古诗都背不出来，这么简单的题都不会做，你怎么这么笨啊！"

生活中，那些喜欢对孩子大吼大叫的父母，往往都是急性子的人，他们一旦发现孩子的不足和缺点时，会火急火燎地批评孩子，一旦孩子表现出不满，更是一顿大吼大叫。其实，如果事后他们冷静下来再来看待孩子的问题，就会发现那并不是什么大不了的问题，完全可以心平气和地指正。因此，管好自己的情绪很重要。父母管好了自己的情绪，孩子不再无辜受牵连，家庭教育才能进入正常化。

2.放下身段，用平视的眼光看孩子

为什么孩子不听话时，或父母心情不好时，父母都可以肆意地对孩子大吼大叫？其实，根本原因是很多父母认为，孩子是自己生的，自己高孩子一等，所以可以居高临下地对待孩子。换言之，他们没有把孩子放在平等的位置，也没有把孩子当成独立的个体。这种"仗着自己是大人，就对孩子大吼大叫"的教育方式，从某种意义上说，是典型的强者压迫弱者，是极其不平等的。所以，总有一天会换来孩子的反抗。明智的做法是，放下身段，用平视的目光看孩子，用平等的姿态对孩子，真正把孩子视为独立的个体。这样才能从根本上改变大吼大叫的教育方式。

3.设定家庭规矩，让孩子按规矩来

父母吼叫孩子，无非是因为孩子不听话，不按规矩做事。如果父母提前制定

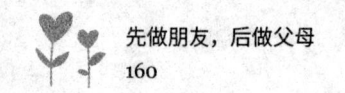

家庭规矩，跟孩子打好招呼："规矩是给大家制定的，谁不遵守规矩，谁就要受到惩罚。"这样教育孩子就会省去很多唠叨和吼叫。当孩子不遵守规矩时，父母只需按照事先说好的惩罚措施处理，就可以让孩子心服口服。

总之，教育孩子是一门学问，必要的批评有助于孩子健康成长，是孩子走向成功的助推器。但批评要讲究方法，好的批评如同春风化雨，能够滋润孩子的心灵，丰富孩子的情感，也能修炼父母的内心。

唠叨是一种语言暴力，也是亲子关系的杀手

"起床、起床，快起来！"

"去洗脸、去刷牙、记得梳头！"

"去外面玩，别玩太疯，别闹太凶。"

"别忘了明天的期中考试，今天要多看书啊！"

"今晚不准玩手机，听到没有？再不听话我就……"

"冷不冷啊？今天好像要降温，你就穿这么单薄出门吗？"

这些话都是日常生活中妈妈们的唠叨，让孩子们不厌其烦。有个孩子在作文中这样写道：

我的妈妈特别喜欢唠叨。

每当我晚上看电视的时候，妈妈就唠叨说："早点儿睡觉，明天还要上学呢！"

每当我写作业的时候，妈妈就在耳边唠叨说："写字姿势要正确，预防近视眼！"

每当我出门上学的时候，妈妈就唠叨说："上课要注意听讲啊，不要开小差，和同学要好好相处，别闹矛盾啊！"

每当我遇到困难找妈妈帮忙时，妈妈就唠叨说："自己的事情要自己

做哦！"

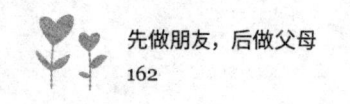

……

妈妈整天没完没了地唠叨，就像夏天池塘里的蛙声，让我听着很心烦。所以我经常不理会妈妈的唠叨，就当没听见一样。

有一次期末考试前几天，妈妈总是在我耳边唠叨说："考试时别慌张，要认真审题，字迹要工整，做完题要仔细检查。"我听得很烦，忍不住说："青蛙又叫了！"妈妈觉得莫名其妙，问我："你说什么？"我哪敢实话实说呀！

哪个家长不曾被唠叨过？又有哪个家长不曾唠叨过自己的孩子？唠叨是一种"爱之深，责之切"的表现。父母有多唠叨，对孩子的爱就有多深。

对于父母的唠叨，有的孩子显得很无奈；有的孩子会进行消极反抗，"不管你说什么，我就当没听见！"有的孩子学会了阴奉阳违，"你说你的，我做我的，根本不当一回事！"

为什么会出现这种情况呢？其实，很多道理孩子都已经明白，但父母仍然无休止地唠叨，有些事情无关紧要，父母却没完没了地提醒、叮嘱。他们并不在乎孩子怎么想，也不关心孩子愿不愿意听。这种不良的重复刺激会使孩子的大脑皮层产生保护性的抑制，以至于父母唠叨得越多，孩子越听不进去，甚至可能引发亲子冲突，严重破坏亲子关系。

身为父母，其实也明白唠叨会给孩子造成不良影响，但是唠叨有时是不由自主说出来的，是一种无意识行为。有位妈妈说："唠叨确实招人烦，我自己也知道。想当年，我也嫌父母太唠叨，可是轮到自己当妈，才发现想不唠叨都难。当孩子不听话时，除了苦口婆心地唠叨他，我还有别的办法吗？如果有的话，我也不至于总是唠叨孩子。"

是啊，唠叨里面藏着爱，也藏着父母在教育孩子方面的无奈。唠叨概括起来有四种：

关心式唠叨

这种唠叨的本意是关心孩子，比如"不要边看电视边写作业""放学了不要在外逗留""一个人不要走夜路""陌生人敲门别开门"等。唠叨的结果是，孩子容易产生依赖心理——反正父母会提醒我，因而孩子可能变得懒惰、散漫、没有责任心。

命令式唠叨

有些孩子调皮贪玩，该做的事却不积极，父母认为必须催促、提醒，孩子才会把该做的事情做好。于是，用命令式的口吻唠叨孩子，比如"该做作业啦！""该睡觉啦！""该起床了，不然会迟到的！"等等。这种管教方式过于简单粗暴，很难从本质上解决问题，很容易激起孩子的反感。

习惯式唠叨

这类唠叨表现在日常生活的琐事上，父母可谓"张口即来""花样百出"。比如"你天天睡懒觉，将来有什么出息？""天天就知道看电视，能干点别的不？""你就不会帮妈妈干点儿活？就知道躺在沙发上玩手机！"等等。孩子长期这样被唠叨，容易变得不自信、自尊感差。

发泄式唠叨

有些父母工作上遇到不顺心的事情，或生活中遇到了不愉快的事情，很容易把不良情绪用唠叨的方式宣泄到孩子身上。这是一种无意识的情绪转移，比如，上班被领导批评，回到家里见孩子在玩手机，就可能唠叨道："你怎么在看电视，作业做完了吗？"平时本来允许孩子做的事情，这会儿突然禁止孩子做，这就会让孩子不知所措。如果孩子经常被父母当作出气筒，长此以往，孩子容易变得情绪化。

以上四种唠叨虽然本质并不相同，但不管哪种形式的唠叨，对孩子都没有好处，父母还是少用为妙。因为唠叨本质上是一种错误的沟通方式，是一种无效沟通，会让孩子对父母的话语产生免疫力。时间长了，父母说什么孩子都听不进去。另外，唠叨还会影响亲子关系，影响孩子成长。所以唠叨是一种病，要及时根治。家长们可以试试以下几种方法。

1.琐事上放宽心，学会包容孩子

父母的唠叨很多是针对日常琐事的，包括各种生活细节，比如穿什么衣服、

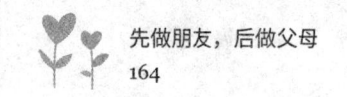

剪什么发型、怎么安排假期，等等。对于这些，父母应该尊重孩子的意愿，包容孩子的喜好和做事方式，没必要把孩子"改造"成自己想要的样子。因为这些细节上的表现是孩子的个性使然，与父母有所不同是很正常的，因此父母要放宽心，学会包容孩子。

2.无法忍受的方面，要深入反思

对于孩子的某些缺点，父母如果无法忍受，那一定要深入反思：我要的是一个完美的孩子，还是可以有缺点的孩子？我是不是对孩子要求太高了？如果你觉得孩子可以有缺点和不足，是否可以接纳孩子的缺点和不足呢？如果接纳不了，那是否可以减少唠叨，多给孩子自由呢？当你深入反思这些问题时，你就能很好地控制唠叨的频率。

3.问题交给时间，交给孩子自己

唠叨是教育孩子的有效方式吗？如果不是，那你不妨停止唠叨，把问题交给时间，交给孩子自己，这或许是最聪明的办法。因为当你不唠叨时，至少能给孩子提供一个适宜的成长环境，而且亲子关系也不会受到负面影响。你要相信，每个人都有自我完善的本能，相信随着孩子年龄增长，他能够修复自身的问题。

温和而坚定地拒绝，让孩子明白什么是规则

很多家长都会遇到这种情况：自己带孩子时，孩子特别不听话，不是闹着玩手机、吃零食，就是要求买玩具、去游乐场，甚至出门逛街要求抱着或背着；明明自己会吃饭，却要求妈妈喂……但是孩子在幼儿园、在学校，却很乖，不吵不闹，很懂事。为什么会这样呢？

其实，有一个很重要的原因是：幼儿园、学校有明确的规则，并且老师会统一要求孩子遵守规则，谁都没有特殊待遇，而且老师还经常强调规则，经常提醒孩子遵守规则。但在家里，孩子几乎是全家人的"唯一"，享受着各种特殊待遇。最关键的是，很多家庭并没有明确和孩子订立规则，孩子不知道什么是可以做的，什么是不可以做的。

另外，孩子的敏感和机智就表现在，当他们想达到某种目的时，会以试探的方式，观察大人的反应。如果大人态度不够坚定，孩子便知道：父母的底线是可以挑战的。如果父母的态度非常坚决，没有任何商量的余地，事情就会变得大不一样。

因此，当孩子用手指抠插座的插孔时，当孩子把手伸到狗狗的嘴边时，父母应该温和而坚定地制止，向孩子传递"你不能这样做，没有商量余地"的信号。无论孩子的反应怎样，父母都不要感到疑惑或抱有歉意。

那么，什么是"温和而坚定"呢？用美国心理学家科胡特的话来说，温和而坚定的含义类似于："如何深爱你？用不含诱惑的深情；如何拒绝你？用没有敌

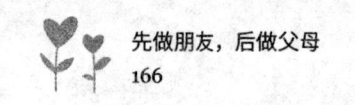

意的坚决。"前者意思是，我深爱你，无条件地爱；后者的意思是我不答应你时，我态度坚决，但没有敌意，我不会贬低你的价值。

温和而坚定，其实就是没有敌意的坚决，没有敌意，没有伤害，但是立场坚定、态度坚决。它传递的不仅是观点，更多的是行为的意义。当父母用这种态度对待孩子时，孩子必定是充满自信和阳光的。

为什么要强调"温和而坚定"呢？强调温和，是要求父母在教育孩子时避免情绪激动，避免对孩子咆哮、粗鲁，以防孩子产生逆反心理；强调坚定，是为了帮孩子树立规矩意识，让孩子养成守规矩的习惯。

可是，父母都知道做到温和而坚定并不容易，因为孩子有撒手锏：哭！耍无赖！它会让"温和"变得无效，让"坚定"变成对峙，那么父母怎样才能坚守"温和而坚定"的教养方式呢？

1.明确规则和底线，让孩子明白什么可以做，什么不可以做

在这个世界上，自由是有界限的，这意味着父母爱孩子必须要有原则。有些父母不清楚什么是自由的界限，从而让自己变得没有原则。比如，孩子在幼儿园的时候，父母经常纵容孩子，纵容孩子睡懒觉，纵容孩子不收拾玩具，纵容孩子不做手工。等孩子进入小学阶段后，父母突然又对孩子严加管教，要求孩子几点睡觉、几点起床、几点之前完成作业。如果孩子不听话，就训斥孩子，甚至打骂孩子。其实，孩子不听话是因为父母当初没有按规矩来要求孩子。

如果父母从孩子小的时候就坚持原则，明确底线，让孩子明白什么可以做，什么不可以做。那么，当孩子该做的没做时，父母只需温和地提醒，完全不必动怒。比如，晚上9点应该上床睡觉，9点快到了就提醒孩子："睡觉时间到了！"长此以往，孩子在潜移默化中就会养成良好的习惯。

当然，这要求一个家庭有自己的规则，有统一的家庭标准，所有家庭成员都要遵守这个规则和标准。为此，建议一家人坐在一起制订家庭规矩，然后全家人带动孩子一起遵守。这样可以营造良好的家风，让孩子受到积极的影响。当孩子违背家庭规则时，家里所有人都必须坚守这个规则，站在同一战线上，切忌爸爸说要惩罚孩子，妈妈和奶奶却横加阻拦，替孩子找借口。

另外，针对特定的事情，父母要尽可能提前告知孩子相应的规则。比如，逛超市、商场时，提前和孩子约定好他可以购买的物品。如果不提前告知，等到孩子被琳琅满目的商品和玩具吸引时，你再告知孩子："你只能买一个玩具！"恐怕就无力回天了。

2. 当孩子不遵守规则时，父母要坚定地对孩子说"不"

在教育孩子的时候，知道什么时候该说"不"，并坚定地说"不"，非常重要。

在我们身边，有很多父母明知道应该对孩子说"不"，但因为各种原因没有把"不"说出口，或说出来时不够坚定，给了孩子得逞的机会。比如，为了摆脱自己在公众场合的难堪，明明应该拒绝孩子的不合理购物要求，最后却向孩子妥协，"这次就依你，下不为例！"

然而，"永远"有多远，"下一次"就有多远，善于试探大人底线的孩子，早已深谙此道，然后一次次地用同样的方式，来达到自己的目的。所以，明智的做法是冷酷地拒绝，坚定地说"不"，这不是残忍，而是大爱。

吃晚饭的时候，涛涛说："我不想吃饭，我要吃汉堡。"

妈妈说："饭菜已经做好了，如果你不想吃，可以不吃，你有拒绝用餐的权利。但我要提醒你，如果你这顿不吃，下一顿只能等到明天吃早餐了。晚上你饿肚子睡不着觉，我不会给你任何零食吃，也不会单独给你做饭。"

涛涛说："我不管，我就要吃汉堡。"

妈妈说："只有饭菜，没有汉堡。"

最后，涛涛倔强地坚持"不吃饭"。结果，那天晚上涛涛被活活饿了一夜，哭闹着睡不着觉，爸爸妈妈并未心疼他。第二天早晨醒来，他哭着喊着要求妈妈做早餐。

从此以后，吃饭的时候涛涛再也不无理取闹了。

父母爱孩子并不意味着满足孩子的一切要求，当孩子提出不合理的要求时，

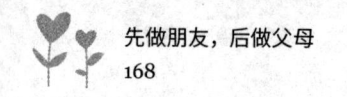

父母必须果断拒绝，让孩子明白自己的要求是不应该的，是不被允许的，从而打消其不良念头，控制其不合理的欲望，使其养成守规矩的习惯。

需要特别提醒的是，坚决说"不"要长期坚持，日复一日，年复一年，你的内心始终要有原则。要知道，你长期坚持原则，孩子才会成长为内心有原则、有自制力的人。千万不能心情好的时候就向孩子妥协，心情不好的时候就坚决拒绝孩子。

3.任何时候都要内心平和，就算惩罚孩子的时候，也要温和而坚定

在拒绝孩子的时候，很多父母都会感到于心不忍，特别是孩子在公众场合歇斯底里地哭闹时，父母会心疼孩子，也会在意自己的面子。在这种复杂心理的作用下，有些父母会向孩子妥协，有些父母会情绪失控，粗暴地回应孩子。这两种处理方式都是不明智的。正确的做法是，保持内心平和，温和地跟孩子讲道理。如果真的需要惩罚孩子，也要做到温和而坚定，不要害怕孩子哭闹或挣扎，也不要因此而发脾气。

在《爸爸回来了》亲子类节目中，体育明星李小鹏有个很好的示范：

女儿奥莉淘气地把大人的手机丢到地上，李小鹏看见后，先进行口头阻止和反复劝告。可是奥莉仿佛没听见，继续丢手机。李小鹏多次警告无效后，决定惩罚奥莉。但是他没有打骂奥莉，而是要求奥莉去面壁接受惩罚，并告诉奥莉面壁的原因。最后奥莉认识到了错误，并接受了罚站。

没有训斥，没有情绪失控，而是很平静、很温和、很坚定地执行家规，整个过程充满温情，这大概是温和而坚定的典范吧！

就事论事,不对孩子进行人身攻击

很多家长教育孩子时,很容易展开丰富的"联想",由当前孩子所做的一件事展开到多件相关事件,由此扩大问题的严重性,想让孩子意识到自己行为的不对;或把孩子过去的老底翻出来,没完没了地絮叨,想让孩子加深对错误的印象。最可怕的是,家长还喜欢用带有偏见和极不尊重的词语对孩子冷嘲热讽,直击孩子的自尊心。家长以为这样能让孩子认识到错误,但结果往往事与愿违,孩子很容易被激怒,继而带着强烈的反抗情绪,对父母的教育充耳不闻。

我们不妨先来看这样一个对话:

妈妈:"你今天去哪儿了?"

孩子:"和同学出去玩了。"

妈妈神情不悦地说:"到底和谁去玩了?"

孩子:"小学同学小伟、小潘和甜甜。"

妈妈:"小伟?是不是那个经常考倒数第一的小伟?"

孩子:"是。"

妈妈:"我跟你说过多少次了,不要和小伟来往。那孩子不思进取,每天只知道调皮捣蛋,不好好学习,经常被老师批评,你怎么不听呢?你们这次去哪里玩了?"

孩子:"我们去森林公园了。"

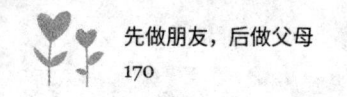

妈妈："这么冷的天你们去森林公园干什么？"

孩子："没干什么，就是逛一逛，聊聊天，看看风景。"

妈妈："真是搞笑，马上就要期末考试了，你们不在家里好好学习，还有心情看风景，这和浪费时间有什么不同？再加上那个不省事的小伟，这样下去你们早晚得出事。作业你都做完了吗？各门功课都复习了吗？"

孩子："妈，你有完没完？我们只是去外面逛了逛，怎么从你嘴里说出来好像是做了大逆不道的事情？你烦不烦啊？"

妈妈："你这孩子居然敢这样跟你妈说话，没大没小的，太没礼貌了。我说吧，你就是跟小伟学坏的。上次王阿姨来我们家，你连个招呼都不打。还有昨天早上，你起床不叠被子，我说你几句你居然不耐烦，嫌我啰嗦。唉，我真不知道当初为什么要生你，太让我失望了……"

孩子捂住耳朵，头也不回地跑出了家门。

上文的对话，是否似曾相识呢？因为它在很多家庭中都发生过，在家长看来，当孩子的行为出现偏差时，必须抓住机会教育孩子。遗憾的是，家长没有做到就事论事，而是上纲上线，结果小事变大，而且言语中夹杂着对孩子的人身攻击，这让孩子十分不满和反感。正如孩子说的："不就是去外面逛了逛吗？怎么从你嘴里说出来像是做了大逆不道的事情？"这样只会加深孩子与家长的矛盾，而收不到教育效果。

由于孩子年龄小、阅历少，他们在成长的过程中难免会犯错误或做出一些让父母担心的事情。因此，父母在指正孩子错误或和孩子沟通某件事的时候，一定要就事论事，是什么问题就谈什么问题，切勿从一个问题牵连到另一个问题，把孩子的缺点无限放大，更不能对孩子进行人身攻击。否则，只会增加孩子的反感。

身为家长，能否掌握就事论事的沟通技巧，很大程度上决定了父母与孩子的关系。懂得就事论事的家长，能让孩子感受到尊重，他们虽然话不多，但是能够直击问题的重点，让孩子明白其中的道理，从而愿意接受指正，认真改正。

那么，教育孩子时怎样才能做到就事论事呢？

1.就事论事的重点是"论事"，而不是"论人"

就事论事的重点是"论事"，而不是"论人"，明确这一点是就事论事教育孩子的关键。即家长在教育孩子时，要针对事情本身发表看法，而不能针对孩子发表评价。家长要看到孩子的行为带来的问题，关注孩子的内心感受，对事不对人。

例如，孩子不按时起床，导致上学迟到了。家长可以说："宝贝，你今天因没有按时起床而导致上学迟到了15分钟，老师给我打电话了，让我告诉你要按时起床。"而不要这样说："你今天迟到15分钟，太没有时间观念了。"再比如，你可以对孩子说："这件事你做得不对。"而不要这样说："你连这么简单的事情都做不好！"对比一下两种表达方式，显然后者是在对孩子本人发表评价，是在给孩子贴标签，会让孩子感到很不舒服。

2."论事"只论当前事，避免无限延伸扩展

想要做到就事论事，家长在教育孩子时，切记一点：只对当前孩子所做的事发表看法，不能无限延伸扩展，从话题A说到话题B，再说到话题C。比如，家长指出孩子写作业不认真，那就说这件事，而不要扩展到孩子上课不认真、看书走神、考试时粗心大意等话题上。否则，整件事就没了中心，孩子也会厌烦家长的唠叨。

3."论事"一定要客观，避免习惯性全盘否定

不少家长在教育孩子时，会习惯性地用"又""太""总是"之类的词，本意是想强调孩子的错误，让孩子引以为戒，实际上给人的感觉是在全盘否定，会打击孩子的自信心和积极性。比如，到了该睡觉的时间，孩子的作业还没完成，妈妈可能这样批评孩子："你总是这样拖拉，看吧，作业又没有做完，你能不能让我省点儿心啊？"

试问，当你听到这句话时，心里作何感想？你会觉得自己在妈妈心中是一个没有时间观念、做事拖拉、不让妈妈省心的人。顿时，你就有一种被打击的感觉，是这样吗？其实，妈妈只需对孩子说："由于你的拖延，今天无法按时完成

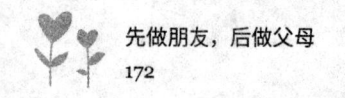

作业，现在你想怎么办呢？是按时睡觉，还是直到把作业完成再睡觉呢？"让孩子去想办法，去为自己的行为负责。

4."论事"一定要平和，避免用质问和反问语气

当孩子犯错时，有些家长会习惯性地说："怎么又犯这样的错误？""这个问题我跟你说过多少遍了，难道你没长脑子吗？"请注意"怎么"和"难道"，这两种质问和反问的语气，很容易刺激孩子敏感的神经，让孩子觉得没有受到应有的尊重。特别是青春期的孩子，听到这样的质问和反问，很容易产生逆反情绪。因此，家长在"论事"时一定要心态平和，尽量用客观的陈述代替质问和反问。比如，"如果没记错的话，这个错误你犯了两次，希望你能总结经验，不要在同一个地方多次摔倒。""这个问题我跟你说过，希望你能牢记于心，下次能够避免同类错误，可以吗？"

孩子犯错后，代替惩罚的N个方法

当孩子犯错时，父母通常采用的教育方法除了批评，还有惩罚。惩罚的方式包括身体上的体罚，如打屁股、打手心，还有面壁思过、罚站、扣掉一次买玩具或去游乐场玩的机会等。不可否认，借助这些惩罚措施的确能够收到一定的教育效果，但如果用不好，很容易起反作用。

有些父母在惩罚孩子时，表现得冷漠无情，方式简单粗暴，这会让孩子产生抗拒、怨恨、自怜的心理，甚至让他们觉得自己毫无价值，从而形成错误的自我认知。那么，有没有更好的办法代替惩罚，且能让孩子认识到错误，从而主动去改正呢？答案是肯定的，下面我们就来介绍一下代替惩罚的7个教育方法，让孩子既能认识错误，又能感受到爱。

方法1：请求帮忙

请求帮忙是一种转移注意力的方法，它的好处是可以让孩子感受到自己的价值，从而把过剩的精力从调皮捣蛋转移到做有意义的事情上来，由此形成好习惯。比如，孩子在超市里疯跑，还把货架上的商品随意拿下来，到处放。对于这种捣乱行为，多数父母会训斥孩子"不许捣乱，再捣乱以后不带你来超市了"。如果孩子依然不听话，父母可能会打孩子一顿，好让孩子乖一点儿。

对于这种情况，父母可以用"请求帮忙"的办法制止孩子的不良行为。父母可以对孩子说："宝贝，你可以帮我挑选三个最红的苹果吗？""宝贝，你可以帮我选一款最可爱的拖鞋吗？""今天我们需要买的东西有点儿多，你能不能帮

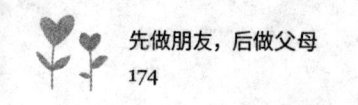

妈妈找到酸奶啊？"当孩子有了使命感时，他就会把注意力放在帮助家长上，而不会继续捣乱。

方法2：表明立场

表明立场，但不攻击孩子的人格，是为了让孩子知道父母对其行为的态度。继续以孩子在超市疯跑、乱丢东西为例，这种情况下父母通常会说："你太鲁莽了，再这样调皮捣蛋，以后不带你出来了。"但这样说孩子可能并不知道自己错在哪里，如果父母说："孩子，我不喜欢你这样跑来跑去，可能会撞到别人，太危险了。也不喜欢你乱丢超市的东西，这样超市的工作人员要重新收拾，你这是在给他们制造麻烦，太不文明了。"这样可以让孩子明确父母对他行为的态度，知道自己行为的不良影响。

方法3：表达期望

对于孩子已经出现的不良行为和已犯的错误，父母可以不过分追究，但一定要表明对孩子下次行为的期望，这样可以让孩子知道下一次应该怎么做。比如，父母可以告诉孩子："我希望下次你来超市购物时能做到不乱跑、不乱丢东西。""我希望你能遵守我们之间的约定，按时关掉电视，上床睡觉。""我希望你能保管好自己的玩具，下次玩完玩具能把他们放回玩具筐里。"

方法4：提供选择

当孩子表现不好时，父母如果想让孩子有所改变，可以给孩子提供选择，让孩子自己做决定，让孩子获得掌控感、支配感。要知道，一个人对于自己所做的选择和决定，通常会更乐意去执行。

比如，父母可以对孩子说："不可以在超市里乱跑，给你几个选择：要么乖乖地跟着爸爸妈妈逛超市，要么坐到购物车里，要么我把你送回家，你来决定。"这样给孩子提供多个选择，就比命令孩子"不许乱跑"或威胁孩子"你再跑，我就要动手了"好得多。

方法5：采取行动

如果孩子对其所犯的错误不予认错，且依然我行我素，那么父母也无需着急上火，或唠唠叨叨，借题发挥对孩子进行人身攻击，只要采取相应的行动就可以了。比如，当你提醒孩子不能在超市乱跑时，孩子依然我行我素，那你可以直接把孩子抱进购物车，或带孩子离开超市。如果孩子玩完玩具，就将玩具随地乱丢，那么你可以把孩子的玩具收起来，不再给他玩，除非孩子承诺玩完玩具自己收拾。

方法6：事后弥补

犯错不要紧，重要的是及时承认错误、积极采取措施去弥补。作为父母，让孩子明白这一点很重要。比如，当孩子把牛奶打翻在地，或把桌上的玻璃杯碰到地上摔碎了，或将墙壁涂得脏兮兮的时候，你应告诉他如何去弥补、补救。你可以告诉孩子："先拿抹布擦掉洒在地上的牛奶，再用拖把将脏了的地面拖干净，这样才能彻底去除牛奶的痕迹。""先用扫帚把地上的碎玻璃扫到一起，倒入垃圾桶，再用拖把把地拖干净，一定要检查是否有残留的小玻璃碴。"

在教孩子如何补救时，你还可以用启发式提问，引导孩子去思考。比如，"为什么要先用抹布把地上的牛奶擦干净再拖地？""你知道为什么要将玻璃碴清理掉吗？为什么要检查地上是否有残留的小玻璃碴？"

方法7：自然惩罚

18世纪法国思想家、教育家卢梭认为：儿童所受到的惩罚，只应是他的过失所招来的自然后果。这就是"自然惩罚法则"。

当孩子犯错时，不要对孩子进行过多的指责，而要让孩子自己承受行为过失或错误造成的后果，使孩子在承受后果的同时承受心理上的痛苦，从而引起自我悔恨，自觉弥补过失，纠正错误。通俗地说，自然惩罚就是让孩子自作自受，为自己的错误行为买单。这样孩子才能体会到痛苦，从而吸取教训，不再犯错。

比如，孩子不好好吃饭，那么当全家人吃完以后，可以直接结束供餐。孩子只有等到下一次用餐，才有机会吃饭。期间不管孩子多饿，饿得多么痛苦，都不要心软给孩子提供食物。必须让孩子尝到饥饿的滋味，这就是孩子不好好吃饭的后果。

有过自然惩罚的经历后，孩子就会明白错误行为所产生的后果，这样可以促使孩子形成良好的行为习惯，提高孩子的责任心，学会管理自己的生活。

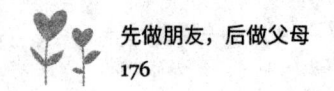

当你无法控制情绪时怎么办

一天晚上10点多,某小区4楼传来一个女人的咆哮:"这两者是什么关系?啊?你说啊,到底是什么关系?"隔壁邻居老赵忍不住好奇之心,站在窗台竖起耳朵,静静地听下文。只听见女人气愤地吼道:"互为相反数啊,你怎么这么笨啊,这么简单的题都不会做!"

显然,这是妈妈在辅导孩子作业时情绪失控了,忍不住对孩子一顿怒斥还夹带着人身攻击。我们知道,每个人都有负面情绪,为人父母者自然也不例外,毕竟人非草木,孰能无情。但如果父母不能把控好情绪,那些情绪就会成为失控的野兽四处乱撞,最后会伤害孩子,甚至给孩子带来一场劫难。

2019年2月,湖南一位男子因和妻子离婚,心情不好。当他发现孩子没有及时完成寒假作业时,顿时情绪失控,持刀将孩子砍伤。

现在我们再去指责这位失控的父亲多么残忍已经没有任何意义,因为他对孩子造成的伤害已经无法挽回。这种伤害不仅仅是身体上的,更是心理上的,可能会给孩子的内心蒙上一辈子都无法驱散的阴影。

或许我们可以把这位父亲的行为辩解为"爱之深,责之切",但实际上在他无法控制自己情绪的那一刻,一切好的教育动机都变了味。而对于孩子来说,原本保护神一般的父亲突然变成面目狰狞的怪兽，这是多么可怕的噩梦。

不仅如此，孩子还会深深自责、不断地否定自己，认为是自己太糟糕才导致爸爸情绪失控。如果孩子长期被这种心理占据，那么他的安全感和自信心就会一点点被消耗殆尽，变得自卑内向、敏感悲观。

当孩子进入青春期后，这种不良心理还会转变成孩子叛逆的催化剂，导致孩子不服从父母管教，什么事情都喜欢和父母作对。这种强烈反抗的意识，可能会导致孩子将来做事一意孤行，不考虑后果，这样是会吃大亏的。

值得一提的是，不仅父母情绪失控会影响孩子，夫妻之间情绪失控或吵架，也会严重影响孩子安全感的建立和健康成长。有人曾对监狱里的重度罪犯进行分析，发现他们当中有相当比例的人童年时期生活在父母的争吵中。可见，一个和谐的家庭环境对孩子的健康成长有多么重要。

有人说过："一个人如果能够控制自己的情绪、欲望和恐惧，那他就胜过国王。"反之，一个不会控制自己情绪的人是可怕的，而一个无法控制情绪的父母更是可恨的。作为父母，当你无法控制情绪时该怎么办呢？怎样做才能防止情绪失控殃及孩子呢？以下几种方法值得大家借鉴：

方法1：保持沉默法

人在情绪失控的时候是很绝情的，常见的表现是说气话，说伤人的话。可是事后冷静下来，又为自己的话感到深深自责。然而，说出的话就如泼出去的水，覆水难收，且已经对他人造成了伤害。所以，为了避免这种情况再次出现，在情绪失控的时候，首先要做到保持沉默。为了保持沉默，你可以紧闭嘴巴默默数数，从"1"往后数，看数到多少能够冷静下来。事实上，只要你默数十几个数字，你的火气就会消散一大半，你的大脑也会由冲动逐渐变得理智起来。

方法2：深呼吸法

人在情绪即将失控的时候，心跳会加快，呼吸会变得急促而紊乱。为了避免情绪失控，我们可以通过呼吸法来控制心跳、平复情绪。比如，先深深吸入一口气，再缓缓地呼出来。如此反复，就可以逐渐让自己情绪平复下来。

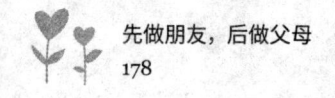

方法3：环境转移法

我们工作一周后要休息两天，孩子学习一个学期后会放寒暑假，很重要的一个原因就是，改变环境有利于改变心情，使人变得轻松。等到新的一周、新的学期到来时，大家会更有激情和能量。

同样，当你即将情绪失控时，你可以通过改变所处的环境来换一种心情。比如，孩子把客厅弄得一团糟，你想发脾气。这时赶紧提醒自己离开客厅，去卧室躺一会儿；或走出家门，到外面散散心；或洗洗衣服，收拾一下房间的杂物。总之，不要让自己停留在刚才那个让你愤怒的环境中。这个过程不需要很长时间，也许三五分钟之后，你就不那么生气了。

方法4：暂时搁置法

当孩子的行为让你恼怒，或你与孩子发生矛盾时，你的情绪已经趋于愤怒，甚至到了失控状态。这个时候，你一定要注意暂时搁置问题，先让自己冷静下来，也让孩子冷静下来。你可以对孩子说："先暂停，我们都需要冷静下来。"然后，赶紧投身于其他的事情，让自己忙碌起来，不去想刚才的事情。等你冷静下来后再去看刚才的事情，也许你会发现根本不值一提，不值得大动干戈，大发脾气。

第8章
先做朋友，后做父母——爱和规矩一个都不能少

父母和孩子，既是亲子关系，也应该保持朋友关系。在亲子关系层面，父母教育孩子，让孩子明白什么是对的，什么是错的，什么是应该做的，什么是不该做的；在朋友关系层面，父母与孩子平等相处，民主互动，给孩子尊重、平等和自由。所以，先学会和孩子做朋友，才更利于做合格的父母。

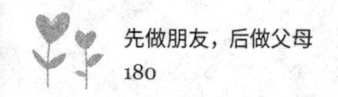

和孩子做朋友的同时，别忘记了保留父母的权威

经常看到一些育儿文章宣扬"父母要尊重孩子""父母要和孩子做朋友""父母要与孩子平等相处""父母要给孩子自由"等教育观念。有些家长受这类文章影响，育儿观念也发生了改变，但由于误解了这些教育理念的本意，一心只追求和孩子做朋友，而忘了保留父母的权威，结果导致孩子变得骄纵蛮横。

一个周末的中午，一位妈妈带着七八岁的儿子在餐馆吃饭。吃饭的大部分时间里，孩子只顾着低头玩手机。当服务员把饭菜端上来后，孩子依然沉迷于玩手机，妈妈催促几声后，他才动动筷子吃上几口。随后，服务员将某道菜端上来，妈妈夹了几筷子菜放到孩子碗里，没想到孩子突然不乐意了，手机一丢，把自己的碗推倒在桌子上，这一举动瞬间吸引了周围用餐者的注意。

这种情况下，多数家长都会好好管教一下孩子。但出人意料的是，这位妈妈表现得非常淡定，没有任何批评孩子的意思。只见她把服务员叫过来，把餐费结清后，带着孩子起身离开了，边走还边对孩子说："别生气了，如果你不喜欢吃这里的菜，那我带你去吃汉堡吧！"

每个为人父母者，都想成为孩子心中的"好爸爸""好妈妈"，但是到底怎样才算是"好"？是一味迁就孩子，永远不让孩子受委屈吗？是想尽办法满足孩子，让孩子应有尽有吗？理智告诉我们："父母不能这样做！"可是在我们周围，有些父母就是这么做的，他们宁可自己吃苦受罪，也不愿意让孩子受一点儿累。他们一直服务于孩子，生怕有半点儿不到位，却忘了为人父母最该做的是什么。

有位妈妈因工作变动需要搬家，可是新家距离孩子的幼儿园有1个小时的路程，于是她跟孩子商量："妈妈每天都要上班，如果还要花1个小时送你去幼儿园，再折返回来上班，时间根本来不及，我们换个幼儿园好不好？"

孩子毫不犹豫地拒绝了。理由是他在现在的幼儿园很开心，有熟悉的老师和小朋友，他不想换幼儿园。

最后，妈妈决定尊重儿子的想法。为此，她不得不每天5点多起床，然后把睡梦中的孩子喊起来，匆匆忙忙给孩子准备早餐，然后送孩子去幼儿园，再折回来上班。那段时间，她经常在朋友圈里抱怨："为了孩子不迟到，她起得比鸡早，太累了！"

可即使早起，她每周上班还是会迟到一两次，因此经常被老板找去谈话。而且，因为睡眠不足，她开车时经常犯困，还差点儿出车祸。再看看孩子，每天早上5点多起床，的确很痛苦，孩子经常哭着穿衣服、洗漱。

可是，这能怪谁呢？孩子年龄小，心中没有远近的概念，他只是不愿意离开熟悉的环境，离开熟悉的老师和朋友。但是如果综合考虑择校这件事，还是妈妈的责任更大吧。

有些父母经常以"尊重"为名，没有原则地迁就孩子，以"平等"为名，在应该替孩子做主的时候选择听孩子的意见。结果，看似给了孩子尊重、平等和自由，但结果却不尽如人意。

其实，例子中这位妈妈理智的做法应该是，在新家附近找一所幼儿园，让孩子就近入园。在鼓励孩子融入新环境的同时，理解孩子对原来幼儿园的留恋，给孩子温柔的陪伴，帮助孩子度过这一阶段。这才是一个温柔而负责的妈妈该做的事情。

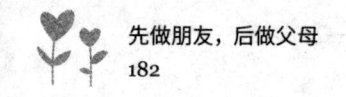

矫枉过正是一些家长的通病，他们谈到孩子的教育问题时，一味强调：和孩子做朋友是给孩子良好教育的前提，和孩子做朋友才能与孩子友好相处，才能保持和谐的亲子关系，才能给孩子足够的安全感。但他们忘了尊重是相互的，父母在教育孩子时保留对孩子的尊重无可厚非，但也要教孩子学会尊重父母，尊重他人。这是最起码的规矩，要不然孩子可能没大没小，美好的教育初衷就会化为一场空。

那么，怎样才能避免片面地与孩子做朋友，而忘了给孩子立规矩呢？

1.珍惜你的家长权威，让它发挥作用

法国儿童教育专家马克·雷诺研究指出：家庭教育有两个至关重要的因素，其中之一是树立家长的权威，敢于在孩子任性、胡闹、没大没小、没有规矩的时候说"不"。因为有时候，孩子并不知道什么行为是对的，什么行为是错的，父母及时而明确地说"不"是帮孩子明辨是非，这是为人父母最大的责任。

事实上，从孩子出生的那一刻，父母就有了教育孩子的义务，也有了教育孩子的权威。事实上，每个孩子在小的时候都会把父母视为无所不能的英雄，父母懂得很多，能力很强。只要父母在孩子出现不良行为时表明立场，表达期望，就可以给孩子积极的影响。可以说，在孩子18岁以前，父母的态度会直接影响孩子将来成为什么样的人。所以，请珍惜你的家长权威，帮孩子明辨是非，为孩子确立界限和规矩。

2.没有规矩意识，谈什么和孩子做朋友

在综艺节目《一年级》中，演员佟大为扮演大学一年级新生的老师。

有一次，有个女孩两天没有来上课，也没请假，大家都很担心。到了第三天，女孩终于出现在课堂上。佟大为问他："前两天你干吗去了？为什么不请假？"

女孩说她害怕考试考不好，逃走了。佟大为觉得有必要让女学生明白逃避考试是懦弱的表现，也是对自己不负责的表现。所以，就教育了她几句。

没想到另一个女孩站起来说："老师，你太小题大做了吧，干吗说那么重的话。你只是把自己当老师，没有把学生当朋友，你这样根本没资格做老师。"

这番话让佟大为非常生气，他态度强硬地说："在学校里，你们就得守规矩，我们的关系首先是师生关系，其次才是朋友。你来学校是跟我们学习的，不是跟我们交朋友的。"

佟大为这番话，放在父母与孩子的关系上，也同样适用。特别是那些只想着跟孩子做朋友，只想着给孩子尊重和自由的父母，应该牢记这句话——你的孩子如果连基本的规矩意识都没有，你还谈什么和他做朋友？

父母可以和孩子做朋友，但前提是必须先给孩子立下必要的规矩，确保父母和孩子的关系建立在规矩之上，千万不能养出没大没小、没有规矩的孩子。规矩和界限感，是父母与孩子建立朋友关系的必要前提。否则，孩子越大，就越没有教养，就越无法无天。

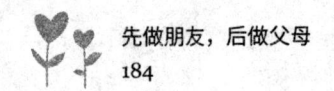

你不给孩子立规矩，孩子就会给你"立规矩"

古人说："无规矩不成方圆。"教育孩子很重要的一个方面是给孩子立规矩，即让孩子明白是非对错，明白什么事情可以做，什么事情不应该做。作家刘墉表示："如若你不舍得给孩子立规矩，就会有人给孩子'长教训'。"当然，在孩子尚未走向社会，在别人还没给孩子"长教训"之前，恐怕你的孩子就会先给你"立规矩"——即用他那套蛮不讲理的观念和行为挑战你的权威。

芳芳陪闺蜜去租房看房，房东是个年轻妈妈，带着一个六七岁的小男孩。看房子期间，小男孩一直缠着妈妈要手机玩。由于房东一直在跟芳芳和闺蜜讲房子的事情，没有及时回应孩子，这让孩子很恼火。只见他一边用力拍打妈妈的大腿，一边生气地嚷嚷："给我给我，你快给我！听见没？你没长耳朵吗？"几句话的功夫，房东已经被儿子连续拍打了五六次。

当时芳芳在想：孩子为了玩手机，肆无忌惮地用拍打的方式吸引父母的注意，这种做法勉强可以理解。但她不理解的是，为什么房东允许孩子用如此不尊重的口气跟她说话？为什么不制止、不批评，不给孩子立规矩呢？

与之类似的还有网上流传的一段视频，也让无数家长直呼"看不下去"。视频内容是这样的：

第8章 先做朋友，后做父母——爱和规矩一个都不能少

一个12岁的男孩，因弄坏了茶馆里的物品，想让妈妈替他赔偿。妈妈教育他，他非但不听，还对妈妈动手，双手死死掐住妈妈的脖子。旁人见状，马上将孩子拉开，妈妈趁机用筷子狠狠打了孩子两下。就在旁人以为冲突就此结束时，男孩突然又冲向妈妈，和妈妈扭打在一起，双方互不相让，场面极度尴尬。

这个案例讲的就是：父母不给孩子立规矩，孩子就会给父母"立规矩"，孩子立的规矩是蛮不讲理、自私自利、没大没小、以下犯上、不尊重父母。毫无疑问，这种"规矩"是严重错误的，是违背伦理的，是没有界限感的。

作为父母，如果你只强调和孩子做朋友，而轻视孩子规矩意识的建立，就很容易造就一个不尊重权威、没有规矩、没有教养、自私自利的人。这样的孩子长大后进入社会，自然会有人给他"长教训"，让他受到更大的打击。所以，守住父母边界，帮孩子立规矩，是对孩子未来最大的负责。

有研究表明，6岁之前是给孩子立规矩的最佳时期，因此，父母一定要抓住这个阶段，尽早帮孩子建立规矩意识。值得提醒的是，给孩子立规矩时要注意以下几点：

1.明确要给孩子立哪些规矩

孩子出生之后到6岁之前，父母需要给孩子立哪些规矩？父母要心中有数。比如，孩子两三岁的时候，父母要让孩子在指定的地方大小便，要求孩子不能玩火、玩电，玩过的玩具要收拾起来；孩子四五岁的时候，父母要教给孩子用餐礼仪，要让孩子自己穿脱衣服，自己刷牙、洗脸，收拾书包等。

另外，还要伴随着孩子年龄增长，循序渐进地给孩子立规矩，确保所立的规矩符合孩子的年龄特征和身心状态。当然，要避免一口气给孩子立太多规矩，因为规矩太多，很容易让孩子觉得混乱，执行起来就比较困难。最后孩子执行不下去，规矩就会沦为空谈。

2.用游戏的方式帮孩子立规矩

人是有思想、有感情的动物，年幼的孩子也是如此。如果父母总是用命令的口气给孩子立规矩，要求孩子必须这样，必须那样，孩子就容易产生逆反心理，

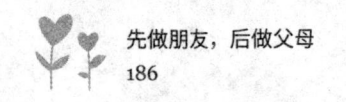

或者口服心不服，阳奉阴违，明面上遵守规矩，背地里破坏规矩。

想要打破这种局面，最好的办法是用游戏的方式来立规矩，让孩子觉得规矩不是束缚。比如，父母想让孩子自己刷牙，可以略带夸张地告诉孩子："不刷牙的话，牙齿会生病，你会感到非常痛！"然后给孩子播放蛀牙视频，再用儿歌来教孩子刷牙。此后，每天孩子刷牙时，就给孩子播放刷牙儿歌，让孩子伴着音乐的节奏自觉地刷牙。

3.别用说"不"的方式立规矩

很多父母给孩子立规矩时，不是告诉孩子怎么做是对的，而是告诉孩子"你不能这样做"，用说"不"的方式来立规矩。这样就等于把规矩放在孩子的对立面，容易引起孩子产生抗拒心理。如果父母经常强化孩子"不能干什么"，孩子就容易出现两种情况：一是变得唯唯诺诺，不敢尝试，害怕做错被父母批评；二是容易与父母对抗，偷偷做父母不允许的事情。

有个孩子喜欢玩剪刀，每次妈妈都强行拿走剪刀，并呵斥孩子："不准玩剪刀。"但妈妈越不准孩子玩，孩子越想玩。有一次，孩子找到了妈妈藏着的剪刀，然后把自己的头发剪得乱糟糟的，这可吓坏了父母，幸好没有发生意外。

其实，妈妈完全可以这样告诉孩子："剪刀是一种锋利的工具，可以用来剪纸张、布匹、绳子，但如果没有掌握用法，很容易伤到自己。你年纪还小，掌握起来不容易，所以妈妈希望你别把它当玩具玩，可以吗？"如果孩子想了解怎么运用剪刀，父母可以给孩子做示范，同时告诉孩子怎么避免伤到自己。当然，最好给孩子买一把塑料玩具剪刀，这样既能满足孩子的好奇心，也能避免孩子受到伤害。

4.给孩子立规矩不能太死板

对于处在成长过程中的孩子来说，规矩不是一成不变的。有些规矩，随着孩子年龄增长，可以做出调整。比如，两三岁的孩子被要求每天晚上8点半睡觉；孩子上小学后，可以调整到晚上9点睡觉。当然，这种调整要根据孩子的实际情况进行。例如，有个孩子从小喜欢在厨房里帮忙，六七岁的时候就拿着菜刀切菜，而且做得有模有样，有时候自己还可以做早餐。这种情况下，父母就没必要强调孩子"不能玩火""不准用刀"。

5.要求孩子守规矩不能着急

在给孩子立规矩后，有些父母见孩子忘记了规矩，或不守规矩时，心里会感到着急，可能会批评、责骂孩子。其实，孩子从不守规矩到守规矩需要一个过程，他们或因为年龄小，不能完全理解大人的意思，或印象不深，偶尔忘了规矩，因此守不守规矩会有反复的情况。这就要求父母多提醒孩子，多包容孩子，帮孩子养成守规矩的习惯。

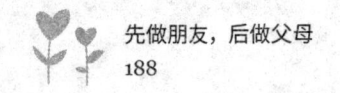

把握爱的界限——如何立规矩

几位朋友去餐厅吃饭，刚点完菜，一个朋友突然说："看来这顿饭吃不安生了。"原来，邻桌一大家子在聚餐，大人带着两三个孩子，最大的六七岁的样子，他们围着餐桌疯跑。果然，那顿饭在孩子们的追逐打闹声中度过。

期间，也有服务人员提醒孩子父母，建议孩子不要乱跑，以免撞上端菜的服务员被烫伤。孩子的父母也呵斥了孩子，要求孩子老实一点儿。但是，对孩子的震慑力显然十分有限。

等那桌客人埋单走后，一个朋友说道："现在的孩子越来越难管，大庭广众之下，吵吵闹闹，东奔西跑，太没规矩了。"

另一个朋友马上接话道："孩子太老实也不好。我邻居家的小姑娘，出门在外从来不敢大声说话，更不会疯跑，因为只要调皮，父母就会严厉训斥，甚至一顿家法伺候。小姑娘脸上连孩子该有的笑容都没有，我倒是希望那个孩子能活泼一点儿。"

很多家长认为，孩子的成长需要充分的自由，大人应该给孩子更多的空间，但是当孩子在地上撒泼打滚、任性哭闹时，家长又后悔没有早点儿给孩子立规矩。而在有些家长看来，给孩子立规矩会扼杀孩子的天性，见孩子失去了童真、活泼的天性，又觉得立规矩好像没必要，应该趁孩子还小，给孩子一个快乐的童年，让孩子放纵一下也不会造成什么影响。

那么，"自由"和"规矩""爱孩子"和"立规矩"，只能二选一吗？当然不是，那些在"爱孩子"与"立规矩"之间做了单选的家长，本质上是错误理解了爱和规矩。如果只选其一，要么会因溺爱孩子造成孩子没规矩，不懂礼貌，不懂尊重他人；要么会因规矩过多、过严造成孩子谨小慎微，循规蹈矩。家长们必须认识到，爱和规矩本来就是统一的，立规矩和爱孩子是不矛盾的。

关于规矩，美国儿童心理学家詹姆斯·杜布森博士在《勇于管教》中说过这样一段话："如果悬崖边上设有栏杆，那么人就敢靠着栏杆往下看，因为不会害怕摔下去；如果没有栏杆，大家在离悬崖很远的地方就停住了，更别说站在悬崖边缘往下看了。栏杆就是界限，知道界限（规矩）的孩子会有安全感，相反，没有界限的孩子没有安全感，因为他不知道安全的尺度在哪里。"

民国时期爱国将领朱庆澜在教育专著《家庭教育》一书中写道："有规矩的自由叫作活泼；没有规矩的自由叫作放肆；不放肆叫作规矩，不活泼叫作呆板。"比如，牧场里的牛，被铁栅栏圈养起来，牛在栅栏里可以东奔西跑，这叫活泼，主人不会干涉；如果牛撞出或跳出栅栏，这就叫放肆，主人就必须干涉了。因为不准越出栅栏，这是规矩。如果牛在栅栏里，主人不准牛吃草喝水，不准牛东奔西跑，就会使牛变得呆板了。

家长无法陪伴孩子一生，终有一天要目送孩子远去。如果有什么是家长必须为孩子做的，并且能让孩子终生受益的，那无疑是给孩子全部的爱，同时教孩子做人做事的规矩。只是给孩子立规矩时不能压抑孩子的天性，扼杀孩子的个性，否则这种规矩是毫无作用的。真正的规矩是体现爱的规矩，真正的爱是有规矩的爱。

那么，家长应该如何在给孩子立规矩时把握爱的界限呢？

1.给孩子立规矩时，要以爱和自由为基础

家长在给孩子立规矩时，要以爱和自由为基础，告诉孩子为什么要立这样的规矩，对他有什么好处，让孩子体会到家长的关爱，孩子才不会抵触规矩，才会遵守规矩。为此，家长给孩子立规矩时要注意三点：

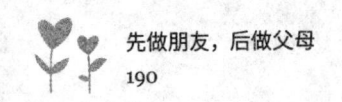

一是规矩要符合孩子的年龄特征，切忌规矩太多、要求过高。同时，伴随着孩子成长，规矩的内容要不断地调整，确保孩子在他这个年龄段能适应这些规矩。

二是在给孩子定规矩时应该事先和孩子协商，可以一家人开会讨论。这样可以给孩子一种仪式感，既是尊重孩子的表现，也能够引起孩子的重视。开会时，大家可以各抒己见，孩子提出的意见和想法，父母要充分考虑。

三是规矩要简洁明确，让孩子知道怎么做。比如，你可以告诉孩子："心情不好时不能在众人面前大喊大叫；在公共场合不能影响周围的人；可以生气，但不能摔东西，更不能打人。"

2.当孩子不守规矩时，先了解孩子的想法

文佳平时上幼儿园总是开开心心的，可是有一天，她说什么也不愿意去幼儿园了。眼看就要迟到了，文佳就是不肯跟妈妈出门。妈妈蹲下身来，抱着文佳，轻声问："昨天你还说想去幼儿园玩旋转木马呢，今天怎么不想去了呢？告诉妈妈原因好吗？"文佳指着桌上的手机说："妈妈，爸爸昨天说今天送我去幼儿园，可是一大早他就不见了。"妈妈想了想说："宝贝，我替爸爸跟你说声'对不起'，你爸爸早上接到单位的电话，就急急忙忙出门了，他很想送你去幼儿园，可他真的没办法，你能理解爸爸吗？"文佳默默地听着，一言不发。

妈妈说："我知道你想让爸爸多陪你，是吧？等他下班回来，我一定告诉他你的想法，让他抽时间陪你好吗？"文佳点了点头，然后拉着妈妈的手去了幼儿园。

当孩子不守规矩时，家长不要急着批评孩子，而应该先了解孩子的内心想法。很多时候，孩子并非故意不守规矩，而是另有隐情。父母如果不了解孩子的想法，盲目地批评孩子，只会让孩子感到委屈、压抑，而且不利于孩子养成守规矩的习惯。

3.规矩的建立有一个过程，需要不断强化

经常听到有些家长这样训斥孩子："我说过多少次了，不要在公共场合大喊

大叫！你怎么就是不听呢？""我告诉过你，垃圾不能随地扔。""说好了7点半起床，你怎么还不起来？迟到了怎么办？"

殊不知，规矩的建立是一个循序渐进的过程，需要不断去强化，直到孩子将其内化成一种习惯。所以，当孩子有时候忘记规矩时，父母要做的是耐心提醒，或让孩子接受自然惩罚，从而理解不守规矩带来的后果，学会为自己的行为负责。

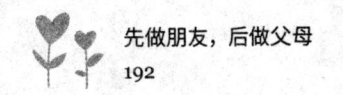

制订了规矩，就必须执行到底

哈佛大学曾有一项研究指出：3~6岁是孩子性格、行为习惯培养的关键期，这一时期被比作"潮湿的水泥期"，孩子85%~90%的性格、想法、行为方式，都是在这个阶段形成的。这个结论与我们常说的"3岁看大，7岁看老"的观点非常契合。每个家长都想在孩子六七岁之前，培养孩子的规矩意识，帮助孩子养成良好的习惯，从而为孩子将来的学习、工作和生活奠定良好的基础。

可是理想很丰满，现实却不尽如人意。不知多少父母有过这样无奈的呐喊：

"我很努力地调整孩子的作息时间，快到睡觉时间就做好各种睡前准备，可结果呢？绘本也读了，儿歌也唱了，故事也讲了，孩子还是吵着不肯睡觉。看着时间逼近12点，我感到心力交瘁又无能为力。"

"我想帮孩子养成专心、独立吃饭的习惯，可是孩子总是有一口没一口，有时干脆不吃，等着大人喂，或把饭菜弄得满地都是。"

"我要求孩子每次玩完玩具后，把玩具装进收纳箱，可每次我要提醒三次以上，孩子才肯慢慢吞吞地收拾。"

……

确实，有时候孩子好不容易养成的习惯，或建立起来的规矩，放了一个暑假，就完全被忘记了。

问题到底出在哪里？看了下面的案例，相信你就会明白。

有一次，小媛和同事在公司加班，办公室的王姐也在加班。为了兼顾工作并辅导孩子做作业，王姐还把上小学的孩子带来了。由于孩子第一次来办公室，小媛和同事逗着孩子玩儿了一会儿，然后王姐开始安排孩子做作业。

可是15分钟过去了，孩子一个字也没写。他一开始说要玩手机，王姐把手机给他，说："只能玩5分钟。"孩子同意了。

5分钟过去了，孩子还是没有做作业。

王姐问孩子为什么不写作业，孩子说："我想喝饮料！"

王姐说："公司没有饮料，想喝饮料晚上回家喝。"

可是孩子偏不干，坚持说自己口渴，王姐说："口渴了可以喝水。"可孩子不想喝水。王姐没办法，无奈地跑到公司楼下给孩子买了一瓶饮料。

手机也玩了，饮料也喝了，可孩子继续磨蹭，迟迟不动笔。

后来，在王姐的再三催促下，孩子总算安静地做了10分钟作业，只完成了几道题。然后又跑到复印机旁边，按按这个键，按按那个键。等到大家下班时，他的作业还有一大半没完成。

小媛不禁问王姐："你们平时在家也是这样吗？"

王姐说："孩子在家比在这里更不听话！"

小媛无言以对……

看完这个案例，你有什么想法呢？表面上是孩子的问题，其实是家长纵容的结果，确切地说是家长在要求孩子遵守规矩时不够严格、不够坚定，导致孩子执行规矩不到位。

生活中，类似的现象屡见不鲜。比如，父母明明跟孩子说好："每天晚上9点上床睡觉。"可结果经不住孩子软磨硬泡，只好无奈地向孩子妥协，要么把手机拿给孩子玩，要么给孩子零食吃，要么让孩子多看10分钟电视。结果，孩子睡觉时间延后，不仅影响大人休息，也会影响孩子第二天按时起床。

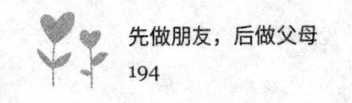

订了规矩就必须执行到底，这个道理每个家长都懂，可是能做到的又有几个？想要做到，就必须牢记以下几点：

1.教育孩子不能图省事，要坚守规矩

有些父母觉得孩子小，规矩意识不强没关系，以后再慢慢教。所以，当孩子吵着不肯按时睡觉时，他们会丢给孩子一部手机，满足孩子暂时的欲望。这样做看似省事，却为孩子将来的学习和生活埋下隐患。要知道，孩子小时候没有建立良好的规矩意识，当他进入青春期后，再想弥补就非常困难了。因此，帮孩子建立规矩意识，让孩子养成守规矩的习惯，千万不能图省事，一定要坚决执行到底。

有一次邓芬和丈夫去一个景区游玩，在景区的餐厅里，她看到一对外籍年轻夫妻带着两个6岁左右的双胞胎男孩和一个3岁左右的女孩。两个男孩生龙活虎，在景区餐厅的滑梯上上蹿下跳，不时发出尖叫声。再看年轻夫妻，分工默契，丈夫抱着女孩去窗口点餐，妻子在滑梯旁维持秩序，还不时地听见她低声严肃地说"NO"。每次听到"NO"之后，两个男孩就收敛了一些。

随后一家五口坐在一起用餐，虽然有说有笑，但当孩子做出打扰他人的举动时，就会被父母迅速制止。整个吃饭的过程，夫妻时刻盯着孩子的举动，看似比较辛苦，但仔细想想，这比为了丢给孩子一个平板电脑或手机，换来短暂的清静有意义得多。

对父母来说，不怕麻烦、不图带孩子省事，就是为了帮助孩子珍惜每个守规矩的机会，让孩子尽可能早日树立规矩意识。这样的父母在教育孩子的道路上，一定是走在前面，且能更早看到教育效果的人。

2.遵守规矩是要求，而不是请求

规矩就像高压线，是不能触碰的。因此，一定要语气坚定地要求孩子去遵守规矩，而不是请求甚至是乞求孩子遵守规矩。例子中那对夫妻带三个孩子的例子就很好地体现了这一点，每当孩子做出打扰他人的举动时，大人就严肃地说

"NO"，即"不可以这样"，语气强硬，没有商量的余地，孩子们唯一的选择就是遵守。否则，大人会一直要求下去，直到孩子遵守规矩。

很多幼儿园老师在要求孩子遵守规矩时也是这样做的，比如在分享玩具、收拾教具、使用游戏设施等方面，他们会语气坚定地对孩子们提要求，不容商量。家长们也可以参考幼儿园老师的做法，对孩子加强规矩的执行力度。

3.让孩子遵守规矩靠权威，不是靠专制

上一条我们讲到，遵守规矩是要求，而不是请求。有些家长是这么想的，但是做法却走了极端。他们把要求与专制甚至是粗暴联系在了一起，为了让孩子遵守规矩，不惜暴力"镇压"，结果孩子不但没有学会守规矩，反而在守规矩这条路上越走越远。

阿华上小学四年级，他是个出了名的"坏孩子"。他既不好好学习，还喜欢骚扰女生，在学校里惹事生非。每次闹出事情，班主任就请阿华的爸爸到学校来，以至于大家都认识了他爸爸。据说阿华的爸爸脾气暴躁，妻子也因此和他离了婚，他独自带着阿华生活。

不过阿华的爸爸对老师非常尊敬，对阿华也非常严厉，他希望阿华好好学习，将来能有出息。所以，每次被老师叫过去，阿华的爸爸会当着老师的面怒骂阿华一顿，凶神恶煞的样子非常吓人。

然而，如此严厉的爸爸却没有教出守规矩的阿华。最后，阿华还是因为不服从学校管理而走上了辍学的道路。

想要让孩子认真执行规矩，家长可以用自己的权威来要求孩子，但不能用粗暴的体罚方式逼迫孩子。父母专制而粗暴的态度只能强迫孩子表面上服从规矩，却无法让孩子真正认同规矩，继而把规矩内化为做事的行为准则。

相比之下，权威型的父母虽然也要求孩子遵守规矩，但会平等地和孩子沟通，会温和地和孩子讲道理，让孩子明白为什么要遵守，如果不遵守对自己和他人有什么不良影响。这样的教育方式更容易让孩子接受，也更容易起到效果。

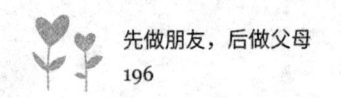

对待孩子，规矩和自由一个都不能少

在现代家庭教育中，很多家长都意识到民主教育的重要性，于是教育孩子也就自然而然进入到"爱和自由"的阶段。但是，最后我们发现了一个问题：单纯的爱和自由，并不能让孩子养成守规矩的习惯。相反，孩子还可能会变得任性、自负、爱找借口、执行力差，甚至难以管教。

惠普公司有一个有名的案例，由此可以看出规矩和自由的关系，这对教育孩子也有着非常好的借鉴意义：

惠普公司有个员工要出差，他不了解自己的标准，就去问领导："你看我这次出差要带多少备用金？"领导听到这话感到诧异，说："你自己觉得带多少备用金合适就带多少呗！"员工又问："那我可以住什么样标准的房间？坐什么样的交通工具？吃什么标准的工作餐？"领导更加惊奇："这个为什么要问，你觉得怎么合适就怎么办呀！只要不违反公司的基本制度就可以了。"

这个例子说明，从公司管理的角度而言，员工在基本的规章制度下，应当享有充分的权利和自由，这样才能让公司充满活力。

同样的道理，教育孩子自然要给孩子立规矩，但在规矩之外应当让孩子享受充分的自由。我们来看一下下面这段话：

孩子就像是在黑夜中前行的探索者，他看不清前方的路，只能按照自己的想法尝试着去迈步。家长要给孩子尝试的机会，不能因为孩子走得慢而嫌弃孩子、催促孩子，更不能强行拽着孩子往前走。但是，当孩子摸索到悬崖边、险滩边、铁轨边时，家长必须及时站出来制止，告诉孩子："这些地方是危险的，禁止通行。"如果家长做不到这一点，那是不负责任的。总之，父母的责任就是给孩子一个规矩之下的安全范围，让孩子在这个范围内摸爬滚打。

以孩子写作业为例，父母的责任是给孩子安排写作业的时间、地方，让孩子在规定时间内完成作业。做作业期间，不准找任何借口拖延，不可以敷衍了事。作业完成后，孩子可以享受属于自己的时间，可以按照自己的想法安排游戏。但是，如果孩子没有在规定时间完成作业，那么将要受到适当的惩罚，比如，缩减游戏时间或看电视的时间等。

在孩子做作业的问题上，有些事情必须遵守规矩，比如"认真完成老师布置的作业"。这是硬性要求，无条件可讲。一旦在不能讲条件的事情上讲条件，就是迁就和纵容，只会让孩子越来越难管教，最后也会害了孩子。有些事情则可以给孩子充分的自由，比如，可以让孩子自行决定先做什么作业，后做什么作业，做完作业玩什么游戏等。

生活中，类似的规矩之外的自由还体现在很多方面。比如，带孩子去田间摘豌豆，孩子在泥土地里一会儿坐着，一会儿跪着，甚至整个儿趴在地上，把衣服弄得脏兮兮的，对此家长不要限制孩子，更不能责骂孩子。当孩子玩得起兴时，可能会脱了鞋子，光起脚丫在泥土里蹦跳。这种情况下，父母也没必要在意孩子弄脏了衣服和鞋子，而斥责孩子。要知道，这是孩子释放天性的时候，给孩子充分的自由最能体现父母对孩子的大爱。

但是，如果孩子想要下河玩水，且河水深浅不明，父母就要立即制止了。因为孩子需要遵守安全规矩，只有在遵守安全规矩的前提下，孩子的人身安全才能得到更好的保障。

所以，养育孩子，规矩和自由一个都不能少。规矩能给孩子界限感、安全感，自由能给孩子愉悦感、尊重感。孩子从小生活在既有规矩又有自由的家庭氛围中，才会成为一个既自信、自立，又有规矩和教养的人。